シリーズ「知のまなざし」

日本語学のまなざし

安田敏朗

三元社

目次

日本語学のまなざし

はじめに

本書の題名は『日本語学のまなざし』です。普通にみれば、日本語学の入門書になります。では日本語学の入門書とは何をめざすのでしょうか。

数ある入門書のなかに、『たのしい日本語学入門』という本があります。これは二〇〇〇年にちくま新書で『日本語案内』として刊行されたものに増補して、ちくま学芸文庫から二〇一一年に出されたものですが、著者中村明は「文庫版へのあとがき」でこの『たのしい日本語学入門』の位置づけを以下のように述べています。

> 大学の基礎科目としての日本語概論の内容にあたるとともに、一般の日本人にとっての教養としての日本語学入門の役をはたし、日本語に習熟したい留学生が日本語の基礎知識を整理するひとつの拠りどころとなることをめざした。(二八五頁)

知識の提供と知識の整理。確かに、執筆する方も、手に取る方も、そうした意図をもつのが一般的でしょう。

そしてまた、伊坂淳一『ここからはじまる日本語学』（ひつじ書房、一九九七年）でも、「既存の知識の解説の記述に大半が費やされ、そのために大学院生程度の専門研究レベルに達した段階になって、ようやく個々の記述の意味や趣旨が理解できる」（一頁）というような、よくある概説書とはちがう、ということを強調しています。たしかに、この本は私も非常勤先の大学で二年間使いましたが、入門書として使いやすいものでした。

ちなみに目次はこうなっています。

日本語の位置
「日本語学」とは何か／日本語の音声・音韻／日本語の語彙／日本語の文法／日本語の書記／

日本語学の入門書としては、こうした項目をどのような立場から、どのように深めて、よりわかりやすく説明するのかが、その本の評価を決めていくことになると思います。

たとえば、庵功雄『新しい日本語学入門――ことばのしくみを考える』（スリーエーネットワーク、二〇〇一年）の目次（一部省略）はこのようになっています。

言語学の一分野としての日本語学／音声・音韻／形態論／文の構造と文法カテゴリー／主題と主語／ボイス／自動詞と他動詞／時間を表す表現／モダリティ／とりたて／複文／名詞修飾／「のだ」／「は」と「が」／談話・テキスト／敬語／方言／さまざまなバリエーション

また、近年の益岡隆志編『はじめて学ぶ日本語学』（ミネルヴァ書房、二〇一一年）の目次だけをあげると以下の通りです。

第Ⅰ部　日本語話者に身近な分野
1　日本語史／2　方言／3　敬語
第Ⅱ部　日本語の仕組み
4　音声・音韻／5　語彙／6　文法／7　談話・語用論
第Ⅲ部　研究分野の広がり
8　社会言語学／9　日本語教育／10　コーパス日本語学／11　音声コミュニケーション
第Ⅳ部　外国語との対照研究
12　英語との対照／13　中国語との対照／14　韓国語との対照

おおよそ、日本語学といえばどういう内容があつかわれるかがわかると思います。

しかし、のっけから申し訳ありませんが、この本は『たのしい日本語学入門』などのような役割を担ってはいません（ついでにいえば、「たのしい」ものでもないかもしれません）。つまり、日本語概論でもなく、すでに日本語学に興味がある人を対象としてその面白さをわかってもらう、という入門的な本でもなく、日本語の具体的知識を深めるためのものでもありません。専門学術書でも、もちろんありません。そうしたものは、右の本などをあたっていただければと思います。

むしろ、日本語学というものに興味がない、なんだかわからない、わからなくても別に構わない、などなどと思って、この本を手にとっていただいた方（矛盾しますが）に、日本語学の具体的な内容よりも、この学問がどういった姿勢でことばという現象をとらえようとしているのかを、知ってもらうために書いたものです。その意味で、タイトルに偽りあり、といえます。

前の文の、「この学問が」という部分はあるいは不要かもしれません。日本語学の具体的な知識がなくても、ことばというわたしたちが日常使いつづけているものをどうとらえればよいかがわかること、そしてそのとらえ方が、ことば以外のことを考えるときにも、もしかしたら役立つかもしれない、と思ってもらうこと。結構大きなテーマですが、この二点をうまく伝えることが、この小さな本の狙いです。

なお、はじめにお断りしておきますが、私はとりわけ近代以降の日本語研究の歴史について、日本語研究者の思想について、あるいは日本の近代史のなかで言語が担ってきた役割などについて、主に調べてきました。ですので、日本語そのものについて研究してきたわけではありません。したがって、日本語学の手法を具体的に紹介するには適任ではないと思います。適任じゃないのになんで書くのか、といわれてしまいそうですが（「あとがき」参照）、いいわけがましいことをいえば、日本語学の内側にいないからこそ、「まなざし」を描くこともできるのではないか、と考えています。「まなざし」については本文中でおいおい示していきますが、ある意味では、「日本語学のまなざし」と同時に「日本語学へのまなざし」ももっているのではないかと思います。

本書のなかで用語として「ことば」と「言語」とが混在しています。ある言語の単語を指すときに「ことば」を使うことがありますが、それ以外は注意深く使い分けをしているわけではありません。なるべくわかりやすく書くように努力しましたが、立ち読みで済まされるほど簡単ではないことを願っています（そもそも、取次のあつかう数量が減っているそうですから、この本にたまたま本屋さんで出会った方は、とても幸運（？）だと思います）。

なお、引用する資料は百年以上前に書かれたものもありますので、適宜ふりがな（ルビ）をつけました。漢字表記は現行のものに変更している部分もあります。原文にふりがながある場合はその旨記しておきました。引用文中の〔……〕は省略を、〔　〕内は引用者注を示します。また人名については敬称を略しています。生没年も適宜入れました。

それでは早速はじめましょう。

一章　日本語学の「まなざし」

まなざし①ことばへの過度の期待

国語科と日本語学

日本語学。高等学校までの勉強ではお目にかかることのない名称です。ですので、もしかすると、学校教科目の国語と似たようなものか、と考えるかもしれません。

それではまず、教科目の国語が何をめざしているのか、『高等学校学習指導要領』という、普段は目にすることもないし、わざわざ買って読もうとなどしない文書で確認するところからはじめましょう（買わなくても、文部科学省のホームページで見ることができます）。学習指導要領は、その地理歴史の部分が歴史認識や領土問題に絡んで時折ニュースになることがあります。教科書検定もこの学習指導要領に準拠するので、かなり重要な文書です（ついでにいえば、学習指導要領という法律でもなんでもないものが絶対的な位置を占めているということも、不思議な感じがしますね）。しかし、国語の教科書から文豪の文章が消えた、とかいうニュースにはなりますが、学習指導要領の国語に注目が集まることは、ほぼありません。その意味では地味な存在です。

地味だから、というわけではありませんが、「国語」の「目標」とされているところを『高等学校学習指導要領』から全文引用してみましょう。抽象度はかなり高いです。

国語を適切に表現し的確に理解する能力を育成し、伝え合う力を高めるとともに、思考力を伸ばし心情を豊かにし、言語感覚を磨き、言語文化に対する関心を深め、国語を尊重してその向上を図る態度を育てる。

これが「目標」です。何をいっているのでしょうか。まず、表現し理解し伝達する。これは言語能力の育成だから語学教育です。思考力、心情、感情を豊かにする。やや精神教育に近くなります。言語文化に対する関心。これは文学教育でしょうか。尊重し向上させる。これは道徳的ですね。

二〇一三年度から高等学校指導要領が新しくなりますが、この目標も若干手入れがなされて、「思考力を伸ばし」が「思考力や想像力を伸ばし」になります。「想像力」が追加された理由は、想像するしかないですけれど。

この「目標」をみただけでも、かなり盛りだくさんな印象を受けます。ですが、具体的なイメージは湧いてきません。みなさんが実際に学校で受けた国語の授業とは結びついてこないのではないでしょうか。
イメージが湧かないからといって、ここで呆然《ぼうぜん》とするわけにもいきません。幸いなことに、文部科学省というのは親切なお役所なので、この学習指導要領についての解説書も発行してくれています。そこで、普段読まないついでに（そういえば、私の本も普段読まれるようなものではないのですが——いまさらながら）、二〇一三年度改訂のために書かれた文部科学省『高等学校学習指導要領解説国語編』（二〇一〇年六月）も開いてみましょう。その「改訂の趣旨」はこうはじまります。

21世紀は、新しい知識・情報・技術が政治・経済・文化をはじめ社会のあらゆる領域での活動の基盤として飛躍的に重要性を増す、いわゆる「知識基盤社会」の時代であると言われている。

ご存知でしたか？　いまや「知識基盤社会」の時代なのだそうです。ともあれ、これをふまえて、同じ文書の「国語科の目標」では、

その中〔知識基盤社会のこと〕にあって、国語による表現と理解の能力及びそれを基盤とする伝え合う力は、人々の知的活動や創造力が最大の資源である我が国において、社会の変化に主

体的に対応できる力を支える基礎的・基本的な能力として、今後一層必要性を増してくると考えられる。また、そのような国語の能力を総合的に身に付けることによって、思考力や想像力を伸ばし心情を豊かにし、言語文化への親しみと理解を深めていくことは、人間形成の上でも必要不可欠なことである。

と解説されています。しかし、「知識基盤社会」だという二一世紀という時代と、唐突に学習指導要領の「目標」とを結びつけ、その文言に手を加えただけのもので、実は親切でもなんでもありません。お役所の文書はこうやって量産されるのか、という思いがします（まぁ、大学の行政文書も抽象度という点ではこんなものです。所詮お役所ですから）。これでも具体性に乏しい感はぬぐえないですし、実際に受けてきた国語教育の実感とも結びつかないでしょう。それは国語教育の問題としておいておくことにして、この文章からは、とりあえず、よき社会生活を送るために必要な能力として「国語の能力」が位置づけられていることはわかると思います。最後には、何を考えたのか、「人間形成」までもちだされてきます。ややおおげさな感じですね。

なお、国語教育は道徳教育だ、と喝破《かっぱ》して具体的な国語教科書に即してこうした問題をとりあげたものに、石原千秋の新書二冊があります（『国語教科書の思想』（ちくま新書、二〇〇五年）、『国語教科書の中の「日本」』（ちくま新書、二〇〇九年））。実際に教科書をつくる側にいた人の分析としても、興味深いものがあります。

国民をつくる国語教育

こうしてみてくると、国語という教科目では、言語能力を向上させる語学教育、精神教育、文学教育、あるいは道徳教育、人間形成が期待されていることがわかります。しかし少し考えてみればわかるように、「国語の能力」があるからといって、必ずしもよき人間となって、よき社会生活が送れるわけではありません。要するに余計なことまでもが要求されている、ということです。

このように過度の役割が盛りこまれてしまうのは、教育そのものが「よき国民」をつくるためになされているからだといえるでしょう。戦前のみならず、戦後教育においても均一の日本人像・国民像が描かれ教育されてきました（本書のまなざし②、詳しくは小国《おぐに》喜弘『戦後教育のなかの〈国民〉――乱反射するナショナリズム』（吉川弘文館、二〇〇七年）を参照）。

確認しておきますが、一九四七年の教育基本法でも二〇〇六年の教育基本法でも、その目的に「心身ともに健康な国民の育成を期して行われなければならない」と書かれています（「心身ともに健康」という表現にも問題があります）。

そして教科目の国語とはそうした制度として近代（明治時代といいかえてもよいでしょう）以降機能してきており、あまり自覚的にはなれないかもしれませんが、いまでも同じように機能しつづけているといえます（自覚しないように教育しているのでしょうけれども）。

ちなみに、目を日本以外の国に向けてみると、その国語教科書（もちろん、その表記はそれぞれです）の内容は、その国の望む国民像を色濃く反映したものとなっています。すべての国家の国語教科書をみるのは大変ですが、たとえば二宮皓編『こんなに違う！ 世界の国語教科書』（メディアファクトリー新書、二〇一〇年）には、英米仏独露中韓、フィンランド、タイ、ケニアの国語教科書が紹介されていてたいへん興味深く、かつ手に取りやすいものになっています。そしてここでもやはり確認しておきたいのは、こうした教科書を紹介するこの本の基調が、国語教科書には「その国の大人が子どもたちへ託す思いが込められている」ものだ、としていることです。ひらたくいえば――若干強引ですが――「よき国民」をつくる教育のための教科書という位置づけです。玄人筋からすれば、当然のことを、と嗤《わら》われると思いますが、やはりきちんと確認しておきたいと思います。

さらについでに、普段読まない文書からまたまた引用しましょう。文部科学大臣または文化庁長官の諮問に応じる機関に文化審議会という組織があります。そこが二〇〇四年二月に出した答申（文部科学大臣の諮問に対して答えた文書）『これからの時代に求められる国語力について』では、国語を以下のように位置づけています。


国語は、長い歴史の中で形成されてきた国の文化の基盤を成すものであり、また、文化そのものでもある。国語の中の一つ一つの言葉には、それを用いてきた我々の先人の悲しみ、痛み、喜びなどの情感や感動が集積されている。我々の先人たちが築き上げてきた伝統的な文化を理解・継承し、新しい文化を創造・発展させるためにも国語は欠くことのできないものである。(「社会全体にとっての国語」から)

国語は、「国の文化」の基盤であって、そこに「先人」が築いたものが集積されている、と述べています。そして、次のようにも論じています。

さらに、近年の日本社会に見られる人心などの荒廃が、人間として持つべき感性・情緒を理解する力、すなわち、情緒力の欠如に起因する部分が大きいと考えられることも問題である。情緒力とは、ここでは、例えば、他人の痛みを自分の痛みとして感じる心、美的感性、もののあわれ、懐かしさ、家族愛、郷土愛、日本の文化・伝統・自然を愛する祖国愛、名誉や恥といった社会的・文化的な価値にかかわる感性・情緒を自らのものとして受け止め理解できる力である。

この力は自然に身に付くものではなく、主に国語教育を通して体得されるものである。国語教育の大きな目標は、このような情緒力を確実に育成し、それによって確かな教養や大局観を

培うことにある。(「国語力の向上を目指す理由」から)

すごいですね。国語をきちんと習得すればなんでもできそうです。こうしたおおげさな、はっきりいえば余計なお世話な議論が、人知れずくりかえされているのです(文化審議会、なんてご存知でしたか?)。この答申を作成したのは文化審議会の国語分科会という組織なのですが(これはもとをたどっていくと国語審議会という組織につながります。詳細は安田敏朗『国語審議会——迷走の60年』(講談社現代新書、二〇〇七年)参照)、この答申作成時の委員には『国家の品格』『祖国とは国語』などを著した藤原正彦や『声に出して読みたい日本語』などで知られる齋藤孝などが名前を連ねており、答申の方向に影響をあたえたと思われます。

厄介なのは、余計なお世話といって済むわけでなく、「答申」となってしまった以上、今後の文部科学省の政策立案に陰に陽に影響力を及ぼしていく、という点です。その意味でも、看過できない文書です。これとの影響関係はわかりませんが、二〇〇六年の教育基本法に「伝統と文化を尊重し、それらをはぐくんできた我が国と郷土を愛する」態度を養う、という目標が盛り込まれたことは比較的知られていると思います(さらにいえば、これによって二〇一二年度から中学校で男女とも武道が必修化されました)。

それでも生ぬるいと考える人たちもいます。文部省そして文部科学省の政策、とりわけ表記文字に関する政策（漢字制限や現代かなづかいの採用、漢字字体の簡素化など）によって「日本語が貧血状態」になってしまったと憂える人の書いた書籍の名称は『日本人を育む小学国語読本（低学年用・高学年用）』（土屋道雄編著（麗澤大学出版会、二〇〇九年））というものです。「日本人にとって日本語は何でしょうか。私は血であり命だと思います」（三頁、ルビは省略）とする著者にとって、国語政策によって「貧血状態」になった日本語、つまり「古くから伝わる美しい、そして正しい歴史的仮名遣」（八頁）以外で正しい日本人を育むことはできない、というわけです。けれども不思議なことに、肝心の本文は、原文が歴史的かなづかい以外のものは、そのままです。中途半端な感じしか残りません。

とはいっても、「正しい国語」でこそ「正しい国民」が育成される、という思考回路は文化審議会の答申と同じです。何が「正しい」のか、という解釈のちがいしかありません。こうした思考回路自体の「正しさ」は証明できないものですから、あえていえば信仰に近いものかもしれません。ひとの信仰をとやかくいうことはできませんが、国家の政策に絡まってくるとなると、くりかえしますが、看過できないものになります。それにまた、国のいうことを何も考えずに「正しい」と思いこんだ結果どうなったか、つい最近も如実に示されたばかりです。

さて、こうした教科目としての国語やそれもふくめた制度としての国語のあり方に対する批判はこの二〇年ぐらいで一定の蓄積がなされてきていますが、総理大臣がころころ替わっても、残念ながら国家のあり方はそう簡単に変わるものではないようです。大震災と原発事故が重なっても、国家のあり方は変わらないようなのですから、詮《せん》ないことなのかもしれません。

それはともかく、国語教育という枠を用いて、より革新的に「ことば」をとらえていこうという試みも、もちろんあります。たとえば、

「国語」教育の目的は何か?

それは、自分のことばでものをいい、自分のことばでものを書くことができる、主体的で民主的な人間の育成である、と筆者は考える。

と小学校での教員経験のある研究者は述べています(府川源一郎『自分のことばをつくり出す国語教育』(東洋館出版社、二〇〇一年、一頁)。同『私たちのことばをつくり出す国語教育』(東洋館出版社、二〇〇九年)も参照)。「主体的」「民主的」という語の意味づけは簡単ではないとは思いますけれども、残念ながら現状はこうした取りくみが主流にはなっていないと思われます。

やや愚痴っぽくなってきました。

教科目の国語について長々と解説してきましたが、まず指摘したいのは、日本語学とは、このよう

な国語に期待されるものとは一線を画したところからはじめる学問だ、ということです。
だったらなんで教科目の国語の話なんかしたのか、とつっこまれてしまいそうですが、ことばをあつかうとなると、この国語でみたような過度の期待がどうしてもついてまわる、ということをいいたかったためです。実際に、こうした過度の期待を盛りこんでしまう研究もないわけではありません。

国語の「美しさ」——敬語と女性語

たとえば、日本語の敬語体系が複雑であるとか、女性語が存在するとかいった研究です。しかし、女性語とは近代になってかなり恣意的に役割づけがなされてきた語彙ですし、敬語にしても、もちろんそうした見方は成立するのですが、何と比べてどう複雑か、といった比較の視点をもたないと、次のような発言が言語研究者によってなされてしまうことになります。金田一京助（一八八二年〜一九七一年）というアイヌ語の研究者でもあり日本語の研究者でもあった人が、「女性語と敬語」という文章を一九四一年九月の『婦人公論』に掲載しています。そこから引用します。

吾々の国語には、外には、西洋諸国に比して誇るに足るものがない。〔……〕たゞ西洋諸国語に無く、吾のみあつて精緻を極めるこの敬語法の範疇こそは、十分誇つてやられる点なのである。

その敬語の特に微妙で精緻なのは、女性語である。〔……〕一人前の日本婦人となるのには、何はともあれ、この伝統的な日本婦人語、世界に類の無い精妙な敬語法をまづ身につけるべきである。

「西洋諸国語」には存在しない「微妙で精緻な」「女性語」と「精妙な敬語法」を身につけないと「一人前の日本婦人」になれない、というわけです。めんどくさいことです。わざと、学習指導要領が存在していなかった七〇年以上前の発言を出してみました。そもそも、こうした論調は論理的ではありませんし、そもそも七〇年以上前の発言をほじくり返さなくてもよいではないかと思うかもしれません。しかし、「女性らしく」話すことが求められたり、敬語が礼儀作法としてとらえられているのは、いま現在でも同じです。女性語に関しても敬語に関してもいわゆるトンデモ本が多く、なぜかそれなりに売れているということは、こうした主張に身を委ねて自己満足する層が決して少なくないことを意味しています。そしてまた、こうした作法を身につけさせようとする社会的圧力に強くさらされている層も決して少なくないことも。敬語ができないと損をする、と刷りこまれたら、どうしても「マニュアル本」に頼ることになるでしょう。そこに「美しさ」はありません。

こうしたところからも、「変わらなさ」の一端を感じてもらいたいと思います（このあたりは書店に行っていくつか立ち読みをしてみればすぐにわかると思います）。

女性語に関しては、たとえば中村桃子『〈性〉と日本語――ことばがつくる女と男』（NHKブックス、二〇〇七年）などが批判的に論じています。さらなる探究の入口になるでしょう。

女性語や敬語の一般的なとらえ方はたいそう窮屈に思うのですが、それのどこがいけないのか、と思うのであれば、学習指導要領の世界や文化審議会の世界に浸《つ》かりきっている、といえます。もちろんそれでもよいでしょう。しかし、それは趣味嗜好《しこう》の問題であって、学問ではありません。それでも、前近代の厳格な身分社会にあっても上下間の円滑な交流の手段、「かけがえのない橋」であったのが敬語で、「欧米や前近代の中国では上位者と下位者は断絶していた」から、革命が起こったのである、と冗談みたいな議論までなされてしまうのが敬語論でもあるのです（浅田秀子『敬語で解く日本の平等・不平等』（講談社現代新書、二〇〇一年））。

ともあれ、以下の発言をどう思いますか？

日本語で敬語が体系として文法化され発達している理由は、日本人の伝統的価値観である人間関係の大切さ、相手への思いやりが明瞭に敬語で表現できるからです。その意味では、日本語らしさを象徴する最大の文法的手段と言えるかもしれません。私には「日本語の品格」は敬語にあるとさえ感じられます。（金谷武洋『日本語は敬語があって主語がない――「地上の視点」日本文化論』（光文社新書、二〇一〇年、五頁））

そうしたうえで「「共存、共生、共感、共視」の表現を日本人は日常生活で無意識に使っています」ともいいます（六頁）。ここにあるのは思い入れです。ご本人は戦前の敬語の階層性が敗戦後はなくなって「平等」になって残ったのが「思いやり」なのだという論を展開していますが、それでも「伝統的価値」は変わらない、ということなのでしょう。いったい、何を論じたいのか、わからなくなる文章です。この方は本書後半でも登場します。

どのように論じるにせよ、敬語に関して忘れてはならないことは、敬語体系の頂点が天皇にあったという点です。たとえば、戦前マルクス主義に学生が傾倒したことへの反動として教学刷新が唱えられました。ひらたくいえば、もっと「国体」の素晴らしさを教育の現場で教えよ、ということですが、その一環として文部省が一九三七年に編纂し、学校に大量配布したものが『国体の本義』でした（ちなみに私がもっているものは一九四二年四月に八刷で一〇三万部と記されています。出版社垂涎《すいぜん》ですね）。そのなかで敬語を論じた部分があります。

没我帰一《ぼつがきいつ》の精神は、国語にもよく現れてゐる。〔……〕外国に於ては、支那・西洋を問はず、敬語の見るべきものは少ないが、我が国に於ては、敬語は特に古くより組織的に発達して、よく恭敬《きょうけい》の精神を表してゐるのであつて、敬語の発達につれて、主語を表さないことも多くなつて来た。この恭敬の精神は、固《もと》より皇室を中心とし、至尊に対し奉つて己を空しうする心であ

る。(九八―九九頁)

「至尊」(ここでは天皇のことです)への「恭敬の精神」のあらわれが敬語だということです。そして、「己を空しうする」とは要するに何も考えない、ということです。また、一九四一年に文部省が「主として中学校に於ける礼法教授の資料として編纂した」、手帖サイズの『礼法要項』というものがあるのですが、そこでは日常生活における礼法が事細かに指示され、「皇室に関する談話・文章には、特に敬称・敬語の使用に注意する」と明記されています(この『礼法要項』については当時いくつもの解説書が出されました)。単に敬語を使う、というだけでなく、その「使用に注意」ということは、正しく使え、ということです(ちなみにこの『礼法要項』ですが、「国家をうたふときは、姿勢を正し、真心から宝祚《ほうそ》〔皇位〕の無窮〔永遠〕を寿《ことほ》ぎ奉る」とあります。いまならどこぞの政治団体が泣いて喜びそうですね)。

皇室に刃向かうのは、「狂気」のあらわれだ、という一方的な決めつけが二〇世紀以降現在まで続いている、と井上章一は論じています(『狂気と王権』〈紀伊國屋書店、一九九五年、講談社学術文庫、二〇〇八年〉)。となると、敬語を批判することも「狂気」じみたことだとされてしまうかもしれません(井上章一には、女性がいつごろから下着を恒常的に身につけるようになったかを論証していく名著『パンツが見える。――羞恥心の現代史』〈朝日選書、二〇〇二年〉がありますが、『礼法要項』にも、

「女子の服装」の注意点のひとつに「下着は常に完全にする。軽装の場合特に注意を要する」とあります)。

少し脱線しましたが、敗戦直後には、こうしたピラミッド型の敬語体系としての「テンノウ弁」、夫に虐げられる「オンナ言葉」をなくし、全国の労働者と農民の団結によって、ひとつの「民族語」をつくりあげ、その表記文字は漢字ではなく日本式ローマ字にすべきだ、という主張も登場します(もののべ・ながおき『言葉と文字』(ナウカ社、一九五〇年))。敗戦後の、未完の「言語革命」の思想および運動については、また別に一冊が必要ですが、こうした「進歩的文化人」であっても、実態として存在している多様な変種について考慮に入れない、つまりは地域差や身分・階層などの区別のない「ひとつの日本語」への志向が当然のこととしてあったことに注意したいと思います(まなざし②も参照)。

ともあれ、敬語体系の頂点にある天皇というとらえ方は、いつの間にか誰も語らなくなっていきました。ちなみに、この市民運動家として知られる、もののべ・ながおき(一九一六年〜一九九六年)は、「軍隊、警察、役人組織、そして漢字」が戦前から日本を支配しつづけている「四本柱」と述べています(「裏切られた言語改革——教育使節団報告の運命」『ことばの教育』一九巻三号(一九五七年四月))。

それはともかくとして、先の金田一京助の引用にもどれば、日本語の研究者としての見解というよりも、金田一個人の嗜好であると切り離して考える必要はあるでしょう。もちろん、『婦人公論』という掲載雑誌の性格を考える必要もあります。こうしたいわば「俗流言語論」についてより深く知るには、たとえば、ましこ・ひでのり『知の政治経済学――あたらしい知識社会学のための序説』(三元社、二〇一〇年)などを読んでみてください。

ことばと文化／経済／権力

以上のような過度の期待、もしくはことばとは無縁なことがらを呼びこんでしまうのは、ことばを人間が社会で使用する以上、避けられないことでもあります。文化審議会の答申の文書でみたように、言語と文化との結びつきが強調されるのも、そのためです。あることばをより深く理解するためにはそれを使っている人たちの文化をよく知らなければならないといわれるのもそのためです(異文化理解とか異文化コミュニケーションといったものが言語学習の動機づけとされるのもこうしたところからきます)。そうした側面を否定するものではありません。しかしながら、たとえば言語と文化が本質的に不可分なものだ、と考えてしまえば、そこで思考は停止します。思考が停止した文書が、先に引用した文化審議会の答申だといえます。しかし、学問としての日本語学はそうしたことから無縁でなければならない、と思います。

無縁であれ、ということはこうした事態を無視するということではありません。そうした事態が存在し、時と場合によっては誘惑してくるかもしれないものです(女性誌に「正しい敬語を使い、女性らしいことばづかいをせよ」と書くのはとても芸のない簡単なことですし)。こうしたことから無縁であろうとする、ということであり、さらにはなぜ不可分なものだと考えられてしまうのか、ということへも考察の目をむける必要があるでしょう。先ほどは例として女性語や敬語といった問題と「日本文化」「日本らしさ」という概念とが結びつくことを指摘しましたが、何も「文化」的なものだけとことばとが結びつくわけではありません。たとえば、ある特定のことば(英語にしておきましょう)をマスターすれば経済的な利益に結びつくという構図がありますが、英語という言語そのものには経済的利益を生む構造はありません。ないのですが、なんとなくそう思ってしまっているのが、恐ろしいところです。私たちは意外と単純にできていますから(ご異論もあるでしょうが)、そこから特定のことばに優劣をつけてしまうのです。

優劣といえば、経済性だけでなく、ことばは権力とも簡単に結びつきます。権力というとおどろおどろしい感じもしますが、あることばを話すことが偉く思われる状況、あるいはあることばを強制的に話させる状況をつくりだすことが、そのことばが権力と結びついていることだといえるでしょう。ある国がある地域を植民地として、そこではその国のことばを強制的に使用させる、というのも、ことばと権力とが結びつかなければ実行できません。はたまた、学校の教室では標準語を使い、方言は使ってはならない、というのもことばと権力が結びついた例です。くりかえしますが、ことばそのものには権力はありません。しかし、ここまでみてきたさまざまな要素をひきよせてしまうのもまた、ことばなのです。

ここまで「まなざし」について十分に説明をしてきませんでしたが、ことばに対する過度の期待が存在することを理解すること、これが日本語学の第一のまなざし（まなざし①）である、といういい方で、意味するところをわかっていただきたいと思います。そして、このまなざし①の実践は、それから意識的に無縁であろうとすることです。もう一歩進んで、くりかえしになりますが、なぜそうした「過度の期待」がかけられるのかを構造的あるいは歴史的に究明することも、このまなざしの実践になるでしょう。こちらは、一般的には日本語学の守備範囲に想定されておらず、社会言語学などの分野があつかうことになっているのですが、日本語学の一分野に設定しても構わないと思います。

日本語学についてまだ具体的に説明していませんが、このまなざし①が基本であり、そしてきわめて重要であると、私は考えています。

次にいくつかの「日本語学のまなざし」をあげていくことにしましょう。

まなざし② 「日本語」としてくくらないこと

「日本語」の定義

「日本語」としてくくらないこと。これはかなり矛盾しています。日本語学が日本語を対象とした学問であるのなら、その対象である「日本語」をそれとしてくくるなということなのですから。これでは日本語学が成立しません。

ただ、国語学会編『国語学大辞典』(東京堂出版、一九八〇年)には「日本語」という項目はありません(「国語」という項目はありますが、制度としての国語の解説が主です)。日本語を研究対象としている国語学の学会が編纂する辞典に「日本語」という項目が立てられていないことは、定義の難しさを物語っています。なお、次章でみるように国語学と日本語学は歴史的には同じものではないのですが、国語学会は二〇〇四年に日本語学会へと名称を変更しています。

専門的な辞典で項目がないことは問題かもしれませんが、何が問題かはわかります。しかし、一般的な辞典で「日本語」の定義がないと辞典として不完全です。ということで、出版元が「日本語の規範」と自負する『広辞苑』（岩波書店）の第三版（一九八三年）で「日本語」を引いてみてみましょう。そこではこう定義しています。「日本の国語で、古来日本民族が用いてきた言語」。この文脈での「国語」は、同じく『広辞苑』に掲載されている「国語」の一番目の意味、「その国において公的なものとされている言語。その国の公用語。自国の言語」のことでしょう。

「古来日本民族が用いてきた言語」。なるほど、一見わかりやすい定義です。

「そもそも日本語の成立は、われわれ日本民族の成立と共に古い」と国語学会編『国語の歴史』（秋田屋、一九四八年、七頁）でも述べています。さほど疑いをはさむべきような内容ではないかもしれません。しかし、「日本民族」とは何か、とかあるいは「古来」っていつからか、などと考えはじめると、十分な定義ではないように思われてきます。民族という概念自体が近代の産物であるといわれていますし（たとえば小坂井敏晶『民族という虚構』（東京大学出版会、二〇〇二年、増補版、ちくま学芸文庫、二〇一一年））、それが「幻想」であると断定するにはやや躊躇するものの、人為的につくられた側面のある概念であることはたしかでしょう。したがって、その民族が「古来」同質でありつづけるということ、つまり変化していない、と考えることもちょっと困難です。固定化された民族が本来的に存在している、といった本質論的なとらえ方は、硬直した思想しか生み出しません。なおちなみに、『広辞苑』第五版（一九九八年）では「日本民族の言語で、日本の国語」となりました。「古来」

が消えてしまっています。明記する必要のない情報と判断したのでしょうか。

民族と言語と

また、日本民族が話す言語を日本語とする、ということもできますが、ある民族が話す言語を、その民族名で名づける、ということはしばしばなされることです。もちろん、必ずしも一対一で対応するわけではありませんが、ある民族のまとまりを示すものとして言語が位置づけられています。そうすると、「古来」と関係するのですが、ある民族の起源を調べることと、その言語の起源を調べることとが同一のことになってきます。日本民族はどこからやってきたのか、という話は、明治時代からくりかえし唱えられ、日本語の起源はどこにあるのか、という話も同時になされてきています。最近ではDNAを用いて日本民族の起源を明らかにしようとする流れもありますが、そのようなものであっても、言語の類型分析がなされていたりします（たとえば、崎谷満『DNAが解き明かす日本人の系譜』（勉誠出版、二〇〇五年））。

こうした民族と言語との関係は、なんとなく経験的に正しいように思え、DNA分析などの「最新科学」（私にはよくはわからないのですが）まで動員されて論じられると、そんなもんかなぁ、と納得してしまいそうになります。納得してもよいのですが、ちょっと我慢をして、言語と民族との関係が、言語を説明するのに民族をもちだす一方で、民族を説明するのに言語をもちだす、という互いが互いを定義づけあう堂々巡りの、曖昧な関係にある、ということを確認しておきたいと思います。

また、民族の成り立ちが複合的なように、言語の成り立ちも複合的である、といってみても、それはそれで言語と民族の一対一対応の図式と変わりありません。いくら「複合起源」を主張してみても（最近の本では、上垣外《かみがいと》憲一『ハイブリッド日本——文化・言語・DNAから探る日本人の複合起源』（武田ランダムハウスジャパン、二〇一一年）があります）、居酒屋の議論としては面白いものの、結局は「日本」というものに収斂していくその構図（「日本人の混血」と上垣外本では書いています（一八頁））を理解していくことの方が、私にはずっと重要なことに思われるのです。どうして「日本」あるいは「日本人」としてくくっていく必要があるのか、ということです。

明治以来、「日本人論」というものが延々と論じられてきていますが、「日本人は〇〇である」という、ひとくくりにして、なおかつ心地よい（あるいは叱咤激励の意味で耳に痛い）言説がくりかえされています（さまざまな議論の内容を知るには、南博『日本人論——明治から今日まで』（岩波書店、一九九四年、岩波現代文庫、二〇〇六年）が便利です）。日本人論のブームと日本社会の変動とはおそらく連関していると思うのですが（この点、青木保『「日本文化論」の変容——戦後日本の文化とアイデンティティー』（中央公論社、一九九〇年、中公文庫、一九九九年）など参照）、同様に、日本語の起源あるいは日本語論（日本語は特殊であるとか、美しいとかいったもの）も流行に乗って議論されるレベルのものといってしまってもよいかもしれません。文化人類学者船曳健夫の『「日本人論」再考』（NHK出版、二〇〇三年、講談社学術文庫、二〇一〇年）はこれまでの日本人論を「「日本人論」とは、近代の中に生きる日本人のアイデンティティの不安を、日本人とは何かを説明することで取り除こうとする性格を持つ」（講談社学術文庫版、三九頁）と仮定した論考ですが、それでも「日本語が使われる限りは続いていくであろう文化的存在」としての「日本人」を想定してもいます（九頁）。日本語の存在が日本人の存在を保証する、というわけですが、それがなぜなのかについて、ふれることはありません。

ちなみに、「日本人なら頑張れる」といった形で美徳化された論調が最近盛んですが、これもまた日本社会の変動にともなう日本人論の一変形とみてよいでしょう。これはまったく論理的でありません。論理的でないからこそ情に訴えるのかもしれませんが。

日本人の常識？

話がそれてきましたが、要するに、言語と民族が必然的に不可分の形で結びついている、と断言することは留保しておきたいと思うのです。それは、まなざし①のためでもあります。つまり、日本語を論じることで日本人を論じる、という回路を無批判につくってしまうと、先の文化審議会の答申のような「国語教育を通じて情緒力を育成する」といったわけのわからない議論を認めることになりかねないからです。

そう難しく考えなくても、たとえば、『日本人の知らない日本語』（蛇蔵&海野凪子（メディアファクトリー、二〇〇九年））という漫画があります。日本語学校で学ぶ外国人学生と、日本語教師との楽しいやりとりが描かれていますが（好評のため続編も出つづけています）、内容ではなく、このタイトルに注目してみましょう。このタイトルだけみて、日本語を第一言語（最初に獲得する言語という意味で使います）としている場合、どこかドキッとしませんでしたか？　日本人だったら日本語を知っていなければならない、という脅迫観念がありはしませんか？　この漫画では日本語教師による「正しい」日本語が示されるので、日本語を第一言語としている読者にもどことなくお得感があるのかもしれませんし、タイトルにドキッとして買う人も皆無ではないでしょう。同じコンビで『日本人なら知っておきたい日本文学――ヤマトタケルから兼好まで、人物で読む古典』（幻冬舎、二〇一一年）というものも出版されました。二匹目のドジョウ、というのでしょうが、「日本人なら知っておきたい」というフレーズもどこか恫喝《どうかつ》的ではありります（とはいえ私はこうした巧みな命名術を身につけたいです）。

もちろん、勉強するのは悪いことではありません。しかし、テレビのクイズ番組に出演する「日本語学者」という人たちの役回りがその知識の豊富さを示すことのみにあるとしたら、日本人だから日本語について知っていなければならないという強迫観念の裏返しでしかありません。とすれば、もう一度こうした構図について考えてみる必要はあるでしょう（もちろん、クイズ番組で「日本語学のまなざし」を語ることなど不可能でしょうけれども)。

そうした意味では、たとえば先の『たのしい日本語学入門』というまさに入門書のなかで「日本語」が主語になって、「日本語は〜である」という表現がなされるのは、ある意味では仕方ないにしても(もちろん、「日本語」としてくくらない、というまなざしを忘れてはいけません)、「日本人は〜と言う」とか「日本人なら〜と考える」といった表現がなされるのは、言語と民族とを不可分なものとしてとらえている一例であり、「日本語学入門」の前に考えるべきことがらを忘れているように思えてなりません。

まなざし①とまなざし②を失ってしまうと、つまり、「日本語」としてくくってしまい、なおかつそこにさまざまな思いを盛りこんでいってしまうと、日本語の構造が日本人の特徴を示す、といった奇妙な議論になってしまいます。「日本語が論理的でないのは日本人の曖昧さを示す」とか逆に「ドイツ語は論理的だ」といったような、それこそ論理的ではない主張が連綿とくりかえされることになるのです。最近ではたとえば、廣瀬幸生・長谷川葉子『日本語から見た日本人——主体性の言語学』(開拓社、二〇一〇年)という本では「日本語から見た日本人は、個としての自己意識が強く、だからこそ逆に、対人関係に敏感となる」といった主張を展開していますが、どう読んでも説得的ではありません。ことの当否はどうやって判断するのでしょうか。どうとでも解釈が可能なのです。

ともあれ、言語と民族とを不可分なものとして考えないとすれば、同様に「方言にはその土地、あるいはその土地で育った人たちの暖かみがあふれている」といったいい方についても、無条件に受け入れることは難しくなってきます。歴史的に、とりわけ二〇世紀には、言語を共有することでもって集団の一体感を高め、被支配的状況からの離脱をはかる（いわゆる「民族運動」です）ことはよくありましたし、現在でもあります。そういうことがあっても、言語と民族が不可分の形で結びついているということを証明するものではありません。結びつけて考えて一体感を醸し出す、という運動があるのみです。

仮想される言語

また少し話が混線してきましたが、日本語に限らず○○語の定義をすることは、たいへん困難だ、ということをまずいいたかったわけです。しかしながらそれでは話が終わってしまいますから、日本語学は、とりあえず日本語というものが存在すると仮定して、具体的な資料を対象に研究していく、ということになります。

ここで重要なのは、そう仮定している、ということを忘れてはならない、という点です。これを忘れると、あたかも古来から日本語という統一体が連綿と使用され続けているといった幻想（あえて幻想、といいます）を固定化してしまいます。

幻想のなかであえて生きていく、という選択ももちろん可能ですが、日本語という統一体が古来連綿と存在している、と思いこんでしまうと、ことばのもつ多様性を「乱れ」だとか「誤用」だとか判断することになってしまいます。この判断のうしろには、ことばには「正しさ」がある、あるいはことばの変化をよろしくないととらえる考え方があるわけですが、これは詳しくは次のまなざし③のなかで述べることとします。

何が日本語であるか、といった問いかけは、本居宣長のような国学者からのものはありましたが、明治時代になって、より盛んになったということができます。何が日本語かという問いは、日本とは何かという問いと密接不可分になされているので、国際関係のなかに投げこまれた明治以降の日本にとっては、より切実な問題として、こうした問いが発せられ、人類学や歴史学、そして言語研究の原動力になっていきました。しかし、こうした問いが発せられるほどに、日本あるいは日本語というものが固定化されて対象化されるという事態になっていきます。たとえば、ヨーロッパに留学して日本に「科学的」な言語研究を導入したとされる上田万年《かずとし》（一八六七年～一九三七年）は、比較言語学の手法でもって「日本語ノ位地ヲ定」めることが、「科学」である、「日本帝国大学言語学」である、と述べていました（一八九六年の上田の「博言学」の講義ノートから）。比較言語学とは、ある言語のより古い形を再構成して比較することで系統関係を明らかにしていこうとする言語学の一分野で、一九世紀には主流をなしていました。この当時最新の「科学」を用いて、上田は「日本語ノ位地ヲ定」めるために、周辺の諸言語の研究をおこなうべきだ、と主張しました。そして弟子たちに、古代日本語をはじめ、朝鮮語、アイヌ語、琉球語などの研究をわりふっていきました。より古い形にさかのぼるために、文献資料だけではなく、各地で話されている方言も、日本語の古い形を残すものだとして利用されていくことになりました。存在する資料を総動員して、「日本語」というひとつの形をつくっていこうとしたわけです。

また、一八八五年に「方言取調仲間」という組織ができたのですが、その主意書には、

〔……〕古来我が国語の間に起りし変遷と各地方言の起りたる理由とを明《あきらか》にし、且《かつ》将来我が国語の如何に変化すべきかを予め知るは亦《また》最《もっとも》緊要なることとなるべし。而《しか》してこれを明にしこれを知るは方今《ほうこん》の方言を蒐集《しゅうしゅう》して我が国語の現時の状態を詳《つまびらか》にするにあり。〔……〕方言を蒐集するの要は啻《ただ》にこれに止まらず。〔……〕朝鮮支那蝦夷《えぞ》及其の他の諸外国語の我が固有のものに混合せるもの幾何《いくばく》ありや。

（「方言取調仲間の主意書」『文学博士三宅米吉著述集　上巻』（目黒書店、一九二九年））

とあります。読みにくいかもしれませんが、要するに方言の現状の記述とその変化の過去と未来を調査して、さらに各地方言のなかに外国語がどの程度ふくまれているのか調査する、という活動宣言となっています。「諸外国語」が方言のなかに「混合」しているかを調べる、ということは、「不純物」

を排除して「日本語」を析出すること、あるいは「日本語」とそうでない言語との境界線を引くために方言を調査する、ということを意味しています。

言語の線引き

この「方言取調仲間」はこれといった具体的な成果をあげなかったそうですが、先の上田万年のもとで学び、朝鮮語研究をおこなった小倉《おぐら》進平（一八八二年〜一九四四年）という人物は、古くから朝鮮半島と交流のある長崎県対馬で一九一四年に方言調査をおこなっています。その調査の目的は対馬の「方言が如何《いか》なる程度まで朝鮮語と関係あるか、又関係ないにしても、該《がい》島の方言が内地の何《いづ》れの地方の言葉と性質を同じうして居るか」を調べるところにありました（小倉進平「対馬方言（上）」『国学院雑誌』二〇巻一一号（一九一四年一一月））。「不純物」の排除という意図が小倉にあったとは思えませんが、朝鮮語由来のことばは数多く対馬にはあり、それをもってして対馬のことばと朝鮮語とが関係あるといえるのかを判断しようとしたわけです。つまりは「日本語」と「朝鮮語」の線引きを、対馬方言を事例としておこなおうとしたわけです。ほぼ同時期に朝鮮語の済州島方言の調査も小倉はおこなっていますが、これも同様の意図から発したものです（詳細は安田敏朗『「言語」の構築――小倉進平と植民地朝鮮』（三元社、一九九九年）を参照）。

学問の対象を明確にするために「言語」を設定せざるを得なかったという側面は確かにあります

が、線引きをするということは、何が「日本語」でないかを示すと同時に、何が「日本語」かを示すことになります。次になされるのは、境界線を引いた内側をどのように整えていくのか、ということです。つまり、「日本語」の内部にあるとされた方言を、今度は「日本語」のなかでどのように位置づけていくかという作業です。ここで登場してくるのが国語学の一分野と位置づけられる方言学なのですが、近代国民国家の形成期である明治時代にあっては、方言をどうとらえていくかという学問的な要請と同時に、政治的な要請、統一された国家の言語の必要性というものと密接に絡んでいきます。統一された国家の言語、というのは国語に他なりません。

標準語と方言と

国語の具体的なあらわれとして、標準語という概念が導入されました。一八九五年を前後するあたりのことです。標準語をどのように設定していくかについてはさまざまに議論がなされたのですが、各地の方言を集約する形で標準語をつくりあげていくのではなく、結局は東京の山の手ことばが基礎となったものが、標準語として教育などの場を通して浸透していくことになります。さまざまな資料を出すことができますが、先にも少しふれた文部省『礼法要項』（一九四一年）には、「言語は出来るだけ標準語を用ひる」とあります。「一般国民の日常心得べき礼法の規準」として編纂されたのが『礼法要項』ですから、標準語の位置づけはあきらかでしょう。標準語を使わないと失礼にあたる、ということですね。

なお、井上ひさし『國語元年』（新潮文庫、一九八九年、中公文庫、二〇〇二年）は、明治初年の東京を舞台とした「全国統一はなしことば」の設定をめぐる悲喜劇を描いたフィクションですが、近代国家と標準語・方言を考えるにはたいへん参考になります。

ともあれ、方言を「日本語」のなかに取り込みつつも、国の制度を担う標準語や国語からは排除していくという志向を読みとることが可能です。

たとえば、一九一〇年に静岡県師範学校・静岡県女子師範学校共編による『静岡県方言辞典』（吉見書店）というものが刊行されていますが、「静岡県方言辞典序」には、

〔……〕方言の矯正《きょうせい》は極めて難事なり、標準語の制定亦《また》容易の業《わざ》にあらず。此《こ》の過渡の時代に際し、実地教育の任にあるもの、何に依りて此の目的を遂行せんか。其の苦心察するに余《あま》りありと謂《い》ふべし。

と明記されているように、方言を調査することは標準語への矯正の前段階としてとらえられていました。そしてまた「実地教育」で方言矯正をするためのよりどころとして、この辞典には語彙だけではなく、「静岡県音韻法」と「静岡県口語法」というものが附されています。何が方言であるかを認識

したうえでそれを矯正する、という構図がここにあります。「日本語」のなかには入るものの、それは標準語へと矯正される存在、というわけです。

ところで、形はともあれ、「方言辞典」が編纂されるのはたいへん稀なことです（ほかには佐賀県教育会編纂『佐賀県方言辞典』（河内汲古堂）、清水平一郎編纂『佐賀県方言語典一斑』（佐賀県教育会）、ともに一九〇二年があります）。現に話されていることばをあるがままに記録していく、という記述態度が定着するのはもう少しあとのことになるのですが、矯正を目的としたからこそ記録がされていった、という側面もありました。

方言とは、その時どきの事情によって位置づけのされ方が変わってくるものです。方言に限らず、「地域性」とか「地方性」といったものもそうでしょう。「田舎住まいへの憧れ」といったものも、行き詰まった都市生活の反転として登場してきたものでしょう。標準語を作り普及させなければならない時代であれば、方言は記録したうえで矯正の対象となり、時代が下って標準語が社会を席巻したあとにおいては、方言は日本語の多様性を反映する鏡ともなっていくのです。

たとえば、近年では『複数の日本語』と題された本があります（工藤真由美・八亀裕美著（講談社選書メチエ、二〇〇八年））。これは副題に「方言からはじめる言語学」とあるように、実は方言文法の本であるのですが、日本語の多様性を示すために「方言」（ブラジルの日系人社会で使用されているものもふくめて）が利用されているタイトルです。

複数の日本語、なるほどこれまでの方言への否定的とらえ方よりはいくぶんまともであり、それぞれの方言を優劣の価値をつけずに言語研究の対象にしていく、という姿勢を示したものとはいえるでしょう。しかしながら、「複数」であれ、結局は方言とされる以上は、「日本語」の下位区分にしかなりません。いいかえれば、方言が別の「言語」になる可能性を考えずに、あるいは、別の「言語」であったものが方言とされてしまうような政治力学も考えずに、最初から方言は「言語」を超えることはない、という前提のもとでの議論です。それでは戦前の議論と少しも変わりません（近代日本における方言認識の歴史については、安田敏朗『〈国語〉と〈方言〉のあいだ――言語構築の政治学』（人文書院、一九九九年）を参照）。

時代の風潮にあわせて、都合のいいように利用されるのが方言であるといってもよいでしょう。日本語学という学問の対象として設定したために「日本語」という概念が固定化されたとすれば、方言学という学問の対象として設定されたために方言という概念が固定化されたともいうことができます。研究対象の固定化をしないと学問が成り立たないとしても、それは同時にその学問の死をも意味するわけです。学問の発生がその死を意味する、というのはやや皮肉ですが、あるいはすべての学問はそうしたものなのかもしれません。学問の成立には学会が必要であり、研究者を再生産する大学の学科が必要になっていく（と一般的に思われている）ように、硬直化の契機はどこにでもある、といってもよいでしょう。

最近では学問の対象になる方言そのものがなくなりつつあるために、方言学と称するよりも、社会言語学と称することが日本では盛んなようです。それはそれで、社会言語学の「死産」を意味するのではありますが。

ともあれ、そこにあるものは個別具体的なことばでしかなく、それを「日本語」と名付けることは、とても暴力的である（人によってはそれが魅力的にもなるのでしょうが）、ということを頭に入れておいてほしいと思います。

私の定義

では「日本語」をどう定義できるのか、という問いもあるでしょう。参考として、かつて『情報学事典』（弘文堂、二〇〇二年）に書いた「日本語」の項を引用します。

日本列島で話されている諸言語のうち、話者数が最大のもの。ただし本項では言語学的立場からとらえずに説明する。日本列島には、近代以前は各地固有の方言が口頭言語として存在し、方言間の通用度はそれほど高いものではなかった。しかし一方で比較的統一された書記体系があったが口頭言語との懸隔は大きく、また書記体系を充分に使用できるのは特定の層に限られていた。こうした様々な変種や書記体系をも含めて日本語という用語で総称するようになるのは、近代になってからのことであった。近世における日本語という用例はきわめて少なく、他者を前提とした日本という概念の形成とそこで話される様々な形態の言葉を日本語として認識していくこととは連動していたと考えられる。そして近代特有の概念としての国語の機能も、その中に含まれるようになるが、往々にして国語＝日本語という等式が成立するようになった。たとえば上田万年（一八六七〜一九三七）の「国語と国家と」（一八九五）では、国語、日本語、日本国語の用例がみられ、用法上の不安定さとともに、この等式への方向性もよみとることができる。国民国家の成立・維持の機能をもつ言語という意味での国語と、日本語という名称は厳密に区別されて然るべきなのだが、たとえば方言学者東条操（一八八四〜一九六六）が諸方言の総体を、国語とも日本語とも称しているように、国民国家日本の内部では両者の区別をあいまいにするのが通例であった。それゆえに、この点から、統一された均質な存在としてであるはずの国語＝標準語と、各方言との間には連続性があるのだという観念が生じ、方言矯正（矯正すれば標準語になる）運動の悲喜劇をまねく素地ができたともいえる。しかしながら、国語と日本語との差異を明確に意識せざるを得なくなるのは、帝国日本の異民族支配の場面に遭遇した者たちであった。台湾や朝鮮といった日本が植民地化した地域では、日本語を国語と称しつづけた。これは制度的には様々な障壁を残しつつも、文化的には帝国臣民として統合していこうとしたことのあらわれでもあった。しかしながら、日清戦争後から「東亜共通語としての日本語」に類する表現が登場してくるように、国語が国民国家のボーダーをこえてひろまる、もしくはにじみだそうとする際（その契機は武力による領土拡大、侵略、植民などといったもの）には国語的論理ではどうしても限界が生じる。したがってボーダーをこえていくエネルギーを、国民国家の論理とは別の論理から獲得しなくてはならなくなる。そしてその源泉を「普遍性」にもとめることとなる。国民国家の個別性をこえた、他の共同体にも受容可能な（と考える）「普遍性」をどれだけ日本語にもりこめるかが問題となるわけである。むろん、この「普遍性」の解釈は、それをあたえる側の恣意的なものであった。日本語にもりこまれた「普遍性」の内容は、「文明化」、「東亜共通語」、「八紘一宇」、「日本精神」などといったひとりよがりなものにすぎなかったことは銘記されてよい。「満洲国」や軍政下の東南アジアで教育されたのはこうした日本語であった。そうであるからこそ、精神教育・儀礼教育の一環として日本語教育が位置づけられつづけていたのである。ひるがえって近年、国語＝日本語という等式の解体が叫ばれ、国民国家原理を反映した国語から日本語を切り離して中立な概念として設定しようとする傾向があるが、日本語という単語の来歴からすれば、国民国家的原理を内に含んだ概念であって、決して中立なものとして設定できないことがわかるであろう。

参考文献は省略しました。やや話を拡げすぎた感もありますが、「区切る」ことのもつ意味を再度考えてみていただければと思います。そして「日本語」を考えることは、「日本語」と名づけることによって派生する「日本語教育」「日本語学」といった営為がどのような歴史を歩んできたのかをふくめて考えることである、ということにも思いを致してほしいと思うのです。

まなざし③「正しさ」は存在しない

「正しさ」は相対的なもの、なのか

これはわかりやすいかもしれません。

しかし、「正しさ」が存在しないということは、なかなか解釈が難しいことでもあります。つまり、ことばは変化するものであるから、「正しさ」というものも変化するものである、と単純に解釈されてしまうかもしれません。その時代時代にあった「正しさ」がある、ということです。

しかし、このまなざしで主張したいのは、「正しさ」というものは絶対的なものでも、相対的なものでもない、ということです。つまり、ことばは変化するから、「正しさ」というものも同様に時代によって変化していく、という考え方はおかしなものだ、ということです。

簡単にいえば、「ことばは変化する」といったわかりやすい言説に簡単に乗ってはいけない、ということですが、それはもちろん、規範を遵守するのがよいことだ、という意味ではありません。

一九九五年から毎年、文化庁が「国語に関する世論調査」というものをおこなっており、報告書が出ると新聞記事になったりします。新聞記事は、「言葉の意味」の選択肢のなかで、「本来の意味」とされていない方を「正しい」と認識している割合が高くなっている、といった内容になりがちです。

こうした結果をみて、ことばを正しく使わなくてはならない、と思うのであればそれは規範を遵守することになりますが、その一方で、ことばを使うのはいまを生きているわれわれなのだから、また、意味が変化していくのは当然だから、「誤用」とされる必要はない、と考えることも可能です。しかし、「誤用」がそのうちに「正しい」ものになるのだ、と考えるのであれば、「あらたな正しさ」を生んでいくにすぎません。新しい規範を作り出すことになるわけですから、それはそれでなんの意味もないことになります。

自分の第一言語であるから、自分の使用状況を内省して、それこそが「正しい」と考えることは自然で当然なことのように思われます。しかし、そこに「正しさ」を求めていくことには慎重でありたいのです。「正しさ」を決めることは、「正しくないこと」を決めることにもなるわけですから、何かの排除のうえに立つ「正しさ」に依拠するのは、「わたしのことば」とはいえないでしょう。

もちろん、自分がいう、いわないという感覚は、規範に対抗するためには大切でありますが、それは絶対的ではない、ということです。大切なのは、感覚に頼ることなく、なぜそういうのかを論理的に示せるかどうかということでしょう。もちろん、その論理が言語学的に妥当かどうかは問題ではありません。他人を説得できるかどうか、ということであり、自分のことばを観察・分析しようという意志をもとうとすることが、重要であると思います。そうしたことをせずに感覚に頼ることは、精神論、つまりは、まなざし①で排除しようとした動きが議論に入りこむ余地をあたえてしまうのです。

辞書と「正しさ」と

さて次に、「正しさ」に関して、辞書のことにふれておかねばなりません。

辞書の近代史を調べてみると、大槻文彦（一八四七年～一九二八年）の『言海』（一八八九年刊行開始）が、近代的辞書のはじまりとされています。独立した文明国家にはそれにふさわしい国語辞典がなければならないという信念のもと、大槻はさまざまな苦労を経ながら完成させます。そして増補改訂版というべき『大言海』に至ります。『言海』はいまでいう文庫本サイズでの普及版も刊行されていますが、これはちくま学芸文庫で復刻され、簡単に手に取ることができるようになっています（二〇〇四年、武藤康史解説）。あとがきに相当する「言海跋《ばつ》」を読んでみると編纂の苦労などがわかって面白いかもしれません。いまでは普通ですが、それまでは「いろは順」がほとんどであった語彙配列を五十音順にし（これには福沢諭吉が落胆したという話が伝わっています）、品詞を示したり、「語法指南」という文法の解説部分を付したりしています。語釈も、英語辞書からの翻訳があったりします（この点は早川勇『辞書編纂のダイナミズム――ジョンソン、ウェブスターと日本』（辞游社、二〇〇一年）を参照）。『言海』刊行時には政財界、文化人を集めた記念パーティーが大々的に開催されました。帝国議会や帝国憲法が整備され、国民国家日本が形成されつつあるときの興奮に、この『言海』が飲みこまれていたといえるかもしれません。とはいうものの、辞書編纂が国家事業として実施されたわけではないのが、中途半端なところです。当初はその予定でしたが、諸事情があって大槻がひとりこつこつと完成させたところ、壮挙として祝ってもらった、というわけです。この「感動物語」は高田宏『言葉の海へ』（新潮社、一九七八年、ほか。直近では洋泉社MC新書、二〇〇七年）で詳しく描かれています。この時点では辞書には、「正しさ」というよりも、権威を背景とした正統性があるという点が強調されているように思われます。いってみれば、これが国家の言語、国民の言語である国語だ、という語彙目録を示すことが求められていたときに、その役割を果たそうとしたのが『言海』だったともいえるでしょう。またこれは大槻文彦の趣味かもしれませんが、『言海』は語源について筆を費やしています。語源説の当否はともかく、その単語の歴史を描こうとしていることが、特徴的です。いまここで話されていることばの来歴を知ること。小さなようですが、「ことばの正しさ」を保証するうえで、案外重要なことになっていきます。

なお、『言海』以降、『大日本国語辞典』（松井簡治編（冨山房、一九一五年刊行開始））、『日本国語大辞典』（小学館、一九七二年刊行開始、第二版二〇〇〇年刊行開始）という最大規模の大型辞書の編纂までをふくめた歴史を追ったものとして、倉島長正『「国語」と「国語辞典」の時代　上下』（小学館、一九九七年）があります。

ともあれ、右のようなご大層な議論がなされていた反面、文明国標準としての辞書が作成されても、国民みながその辞書を手元において、年がら年中引いているわけではありません。そもそも、辞典のことを「字引」ともいまでもいうように、ある単語をどういう漢字で書くのかを知るという需要が連綿と続いていました。近代まで辞書に相当する書物には『節用集』というものがありましたが、そのなかでは、ある単語の漢字をどう書くかを引くという利用法を前提として編纂されたものも数多くありました。いまもし何かを書こうとしたとき（打つのではなく）、ある単語の漢字が思い出せなかったら、どうしますか？　携帯電話を取り出しませんか？（ほとんど携帯電話を使わないので、ちょっとこのあたり、自信はありませんが）

一方では文明国家の象徴としての辞書が編纂されるものの、実際にその辞書が頻繁に引かれるものではなく、節用集的なものとの乖離《かいり》がいまでも存在しているのです。なおちなみに、日本は朝鮮を一九一〇年に併合しますが、その直後から朝鮮語辞典の編纂が総督府により計画され実行されました。このことは、きちんとした辞書をもつことが文明の証であることを再確認すると同時に、総督府がそれを代理執行したことは、文明の体現者が誰であるかを示すためでもあったといえるでしょう。

さて、こうした近代的な辞書の理念と実際の使用者の需要とのあいだにある乖離を埋めていくために、文明としての辞書というとらえ方ではなく、文化としての辞書というとらえ方が発生してきました。簡単にいえば、一家に一冊辞書が備え付けられていること、でもあります。文化の香り、でしょうか。『言海』刊行後からは、それをまねた中型の辞書が各種編纂されていきます。一九五五年に岩波書店が『広辞苑』を発売して大ヒットになりますが、そこに至るにはいくつもの系統がありました。広辞苑編纂に関しては、編者とされた、言語学者新村出《しんむらいづる》（一八七六年～一九六七年）の子息で編集作業にあたった新村猛（一九〇五年～一九九二年、フランス文学者）の『「広辞苑」物語――辞典の権威の背景』（芸術生活社、一九七〇年）があります。また、この『広辞苑』編纂が、新村父子の一大プロジェクトなのだ、という感動巨編に編集しなおされることもありました。NHKプロジェクトX制作班編『プロジェクトX　挑戦者たち　10』（日本放送出版協会、二〇〇二年、NHKライブラリー、二〇〇四年）を読んでみてください。辞書編纂は、『言葉の海へ』もそうですが、感動的な物語になりやすいものでもあるようです。なかなか報われない苦労、というところにひとは涙を流すのです。近年では、作家の三浦しをんが、こうした辞書編纂物語をちりばめた、『舟を編む』（光文社、二〇一一年）を出しています。このフィクションにも「なかなか報われない苦労」が通底しています。こちらの方が手にとりやすいかもしれません。

ともあれ、『言海』以降、より低価格で部数の多い辞書が編纂されるようになっていきます。これはより実用的な辞書を求めたという点では節用集的世界との融合ではありますが、辞書というものは国民文化の金字塔である、という表象が存在した点で、近代的だともいえます。こうしたなかで、卓上辞書としてかなり売れたものに、三省堂の『小辞林』を改訂した『明解国語辞典』（一九四三年）があります。売れた理由は、もとの『小辞林』ではいわゆる歴史的仮名遣いによる配列だったのを、表音表記による配列に直したこと（つまり、たとえば「描画（描畫）」を引こうと思ったら、「びょうが」ではなく「べうぐわ」を探さねばならなかったのを直した――ただし、この『明解国語辞典』の見出しは、より表音的なので「びょおが」ですが）、語釈を文語文ではなく口語文に直したこと、によるとされています。また、アクセントが示されているのも、新しいことでした。この辞書は言語学者の金田一京助が編纂したことになっていますが、完全な名義貸しで、実際の作業は若かった見坊豪紀《けんぼうひでとし》（一九一四年〜一九九二年）がおこなっています（一九九七年に武藤康史の解説を付して三省堂が復刻版を出しています）。『広辞苑』の編者は新村出となっていますが、これが名目的なものに過ぎなかったことは、つとに指摘されているところです。辞書も売り物ですから、有名な学者先生の名前が必要ということなのでしょう。こうした、文明国標準としての辞書から、さまざまな形態の辞書が派生していくなかで、辞書には「正しいことば」が記載され、辞書に記載されていることがそのことばの「正しさ」を示すことなのだ、といった意識が定着していくことになります。辞書に記載されていないことばは、「正しい日本語」ではないのだ、ということです。辞書にそのことばが記載されていること自体が重要に思われている、ということです。

もう少しいえば、先にもふれたように、岩波書店は『広辞苑』を「日本語の規範」だと自認しているようですし、版が新しくなるたびに、どんなことばが記載されたかということが新聞を賑わせたりするのも、このあらわれでしょう。メディアがよろこんで記事を書いている、ということでもあります。

小説『舟を編む』で感動しても構わないと思うのですが、ある一握りの編者、出版社が「ことばの正しさ」を決めてしまうことができるのでしょうか。この小説は二〇一二年の本屋大賞という書店員が投票して選ぶ「売りたい本」の一位に輝きましたが、その推薦の弁を読むと、辞書やことばへの愛着や編纂への敬意といったものが、「感動」とともに語られています（『本の雑誌 増刊 本屋大賞2012』（本の雑誌社、二〇一二年四月））。書店員なんだから（?・）、辞書の「権威」というものへの懐疑をもうちょっと抱いてもよいのでは、と思ってしまうのは、単なるひがみでしょうか。ことばとはわたしたちが日常生活のなかで使っているものです。そこで使用してきたことばのあるものが「正しくない」とされ、積み重ねてきた語感や語義が「まちがっている」とされるのは、あまり気分がよいものではありません。

これと関連して一言。「国語辞典ではわからない起源と変遷！」という帯文が付されて書店に並べられたのは、『性的なことば』（井上章一・斎藤光・澁谷知美・三橋順子編（講談社現代新書、二〇一〇年））という「辞書」です。国語辞書には「正しいことば」が載っているという「常識」を逆手にとった宣伝文句といえるでしょう。

さて、このような作り手と使い手との間にある乖離についてですが、辞書を実用品として考え、語釈の内容や記載されている語彙の範囲や引きやすさなどを比べてみたものが、『暮しの手帖』一九七一年二月号の特集「国語の辞書をテストする」でした。いってみれば消費者による商品テストなのですが、そこでとりあげられた辞書のテスト結果は散々なものでした。乖離があるから当然のことかもしれません。どんなに大層なご託を並べても、使い物にならなければ意味がないではないか、ということです。こうした視点は大切ですが、それを意識した編纂がこの後なされたかというと、残念ながらそうではありません。ユーザーフレンドリーな辞書というものは、形容矛盾なのかもしれません。だからせめて、自分で使ってみて目的に応じた使いやすいものを選ぶしかないのです。ちなみに、北原保雄監修『みんなで国語辞典！　これも、日本語』（大修館書店、二〇〇六年）は、普通の辞書には記載されていないけれど自分たちはよく使っているという、いわゆる若者ことばや新語を、語釈も含めて投稿という形で集めて編纂したものです。ことばの使い手が参加して作る辞書、という点では新機軸ではありますが、さりげなく「国語辞典としての規範を示すものではありません」と表示されているところに、「乖離」の側面を見ることができます。

話がずれてきましたが、一九四三年の『明解国語辞典』から、その後『新明解国語辞典』、『三省堂国語辞典』が分岐して編纂されていきます（詳しくは、柴田武監修・武藤康史編『明解物語』（三省堂、二〇〇一年）を参照）。この『新明解国語辞典』は、山田忠雄が編集主幹として編纂をはじめると、その語釈が独特なものだ（ときには毒舌を吐いているようにも読める）、ということで注目されるようになります。それを指摘した著書のタイトルが、『辞書がこんなに面白くていいかしら』（西山里見とQQQの会編述（JICC出版局、一九九二年）であることが示すように、辞書は面白くないもの、というのが一般的な見方であるわけです。この『新明解国語辞典』は「新解さん」と擬人化され、以降、赤瀬川原平『新解さんの謎』（文藝春秋、一九九六年、ほか）、鈴木マキコ『新解さんの読み方』（リトル・モア、一九九八年、ほか）、夏石鈴子『新解さんリターンズ』（角川文庫、二〇〇五年）などが書かれていきます。「読み物としての辞書」という特定ジャンルが成立したとはいえますが、「新解さん」、版を改めるごとにおとなしくなってしまったようで、最近ちょっと毒抜きされた感があるということです。

しかし、いくら辞書が面白いといっても、普通は愛読書にはなりませんよね。ちなみに、辞書を引くということが、初等教育から習慣化がめざされたのは、明治までさかのぼることはできません。「乖離」を強制的に縮めていこうとしたのは、実は敗戦後の占領下のことでした。GHQ主導で教育改革がおこなわれた際に、いまの学習指導要領のもとになるものが作成されます。そこでは、小学生のための学習用辞書が存在していないことが指摘される一方、四年生から辞書を引く指導をすべきことが盛りこまれていきます。「辞書に頼りすぎないように」という配慮はあったのですが、その後の文部省編の学習指導要領になると、この文言は消え、辞書を引くことを習慣化することが強調され、現在では辞書指導は三年生からになっています。さらには、深谷圭助『7歳から「辞書」を引いて頭を鍛える』（すばる舎、二〇〇六年）という実践に基づく本が出版されて反響を呼んでいるように、英才教育的な色彩も帯びてきています。学力向上につながるならいいではないか、と思うかもしれませんが、「辞書に頼りすぎ」のようにも思います。「ことばの正しさ」を疑いなしに受け入れていってしまうのではないか、と思うのです。杞憂《きゆう》でしょうか。

こうした点とあわせて考えると、電子辞書の普及は、辞書をより身近なものにしたと思うのですが、いつでも手軽に引けるということは、実は引かないことにつながっているのではないか、とも思うのです。きちんと予習をしていなくても、当てられたらその場で引いて適当にごまかす、といった場面に、大学の授業のなかで私などもよく接するようになってきました。

愚痴はともかく（二回目ですね）、辞書がより引きやすくなることは、同時に規範が知らぬ間に、より身近になってきたことを意味します。いま現在、電子辞書のためだけの辞書は編纂されていないと思います。つまりは紙の辞書を電子化したのが電子辞書なわけであり、紙の辞書がかかえる限界も、同時に電子辞書は抱えているわけです。たとえば語彙数とか、語釈の長さとか。しかし、インターネット上での検索は、語彙数も語釈の長さも、ほぼ制限なしといってよいでしょう。

となってくると、辞書を引いた先にある「正しさ」を見つめる視線の確立が急務のように思われます。「ことばの正しさ」とは何か、それはだれがどうやって決めるのか、そもそも、そうしたことが可能なのか、可能ならばなぜなのか、などなど。

やはり、わたしたちの日々の言語使用と、電子辞書もふくめた辞書とのあいだには、広くて深い溝が存在しつづけているように思われるのです（辞書と「正しさ」については、安田敏朗『辞書の政治学――ことばの規範とはなにか』（平凡社、二〇〇六年）を参照）。

規範と基準のあいだ

ことばの「正しさ」を決めるのは、とりあえずは辞書ではありません。辞書に「正しさ」はありません。せいぜいあるのは、「正しさ」ゆえに従うことを求める規範ではなく、基準だけです。たとえば、二〇一〇年に常用漢字の数が増えましたが、これは「一般の社会生活において現代の国語を書き表すための漢字使用の目安」（二〇一〇年一一月三〇日内閣告示第二号）にすぎません。これを使わなかったからといって、何か制裁を加えられるわけでも、「正しくない」とされるわけでもありません。しかし、人名漢字については、親の命名の自由権といった気持から、自分のつけたい漢字が登録上認められるのかどうか、といった「切実な」話題として、興味を引くこととなっています（名前の「唯一無二」性と人名漢字とをあわせて論じたものに、円満字二郎『人名用漢字の戦後史』（岩波新書、二〇〇五年）などがあります）。

常用漢字の歴史をひもとけば、日本の言語政策をめぐる国語審議会という文部大臣の諮問機関内

（一時は建議機関でもありましたが）での、日本語の表記簡易化とそれを阻止しようとする側とのドタバタ劇の一環にしかなりません。そこになんらの合理性なり、科学性というものはありません（詳しくは前出、安田『国語審議会』（講談社現代新書、二〇〇七年）を参照）。

「正しさ」なんてないのだ、というと投げやりな印象をもってしまうかもしれません。しかし、ことばに「正しさ」なんていうものはそもそも設定できないのだ、と考えてみるのも、そう悪くないことではないと思いませんか？

なお、「正しさ」について批判的にとらえようとしたものに、野呂香代子・山下仁編『「正しさ」への問い——批判的社会言語学の試み』（三元社、二〇〇一年、新装版二〇〇九年）があります。ぜひご参照ください。

まなざし④時代状況との距離

時代と学問

以上、三つのまなざしを取りだしてみました。もちろん、これが絶対ではありませんし、全てというわけでもありません。

本章の最後では、こうした「まなざし」のもとで日本語学は何をめざすのかについて考えたいと思います。

まなざし①で、ことばには過剰な期待がなされる、ということを指摘しました。こうした期待・要求に応えることが日本語を研究する目的である、とされがちです。期待・要求の中身は時代によって異なりますが、この構造は一貫しているといえます。

たとえば、一八九五年に上田万年が帝国大学総長に国語研究室の設置を要請した文書をみてみましょう（原文には句読点がないので、補いました）。

謹《つつし》みて惟《おもんぱか》るに我大日本帝国の国語は　皇祖《こうそ》　皇宗《こうそう》以来我国民的思想の顕表したるものにして所謂《いわゆる》大和民族の精神的血液たるものなり。人種の結合之《これ》に頼りて強固を増し、教育の実行之に拠りて国民的性質を帯ぶ《ぶ》。故にこれが過去に於ける歴史を討究し、これが現在に於ける状況を洞察し、而《しか》して後にこれが未来に於ける隆盛を布図するは当《まさ》に国家の自ら為すべき義務と謂《い》ふべし。これ立憲の制既に確立し教育の方針已《すで》に一定せる今日に於て今又更に喋々を要せざるものとす。況《いわん》や帝国の版図《はんと》新に拡張せられ国光の闡揚《せんよう》実に空前なる秋《とき》に於てをや。唯此上にて吾輩国民たるものの熱心に攻究すへき点ハ如何に其義務を尽すべきかの手段にあり〔……〕是に於て小官〔上田のことです〕は我文科大学内に其研究室を創立し、茲《ここ》に其研究資料を網羅し、茲に有為の子弟を教育して緻密なる科学的智識及方法を以て此広大深遠なる事業の各方面より漸次合期的の解釈を試み行く事の最良策たることを信ず〔……〕（上田万年「帝国大学文科大学に国語研究室を興すべき議」（『明治文化資料叢書　第八巻』（風間書房、一九七五年）より）。

何やら読みにくいですが、「我大日本帝国の国語」とは皇祖（天皇の祖先）以来の歴史を有する「大和民族の精神的血液」であり、国民同士の結合が増大し、教育が可能になってその結果「国民的性質を帯」びるようになる、と述べています。国語は古代国家とともに古く、歴史貫通的なものと認識されているわけですが、それ以上に、「万世一系」の天皇家とともに語られていることに注意したいです。これは、国語になんでもかんでも盛りこんでいた、先に見た文化審議会の答申と（天皇が登場しない点を除いて）、さして変わらないような感じですね。

ともあれ、そうした「歴史」をもつ国語を研究して、その「過去に於ける歴史」、「現在に於ける状況」、「未来に於ける隆盛」を「緻密なる科学的智識及方法」でもって明らかにするために、帝国大学（一八九七年に京都帝国大学ができるまで、帝国大学は東京にひとつだけでした）のなかに国語研究室を設置すべきだというのがここでの上田の主張です。こうした研究こそが、憲法が制定され、教育勅語も発布されたいま、国家の果たすべき当然の義務であって、「帝国の版図新に拡張せられ」たいまこそ、より急務なのだ、というわけです。「帝国の版図」の拡張というのは、日清戦争の結果、一八九五年に日本が台湾を領有したことを指します。植民地の獲得のことです。

国家の基幹が固まり、なおかつ海外に領土を拡げつつあるいまこそ、国語研究が必要なのだ、という内容です。ただ、これは国から予算を引き出すために書いた作文という側面は多大にあります（カネのためなら気にくわない作文ぐらいするのが、有能な官僚であり、大学教師ではあるのですが）。そうした側面を考慮に入れても、国語研究と時局との相即関係を読みとることは十分に可能だと思います（ちなみに、無事予算がつき、一八九七年に国語研究室が設置されました）。

次の章であつかいますが、一九三〇年代になると、国語研究をおこなう国語学という学問が、文献中心ではなしことばを重視しておらず、現実の要請（たとえば、植民地での国語教育への寄与など）

に応えられていないのではないか、といった疑問が出されるようになります。そうしたなか、心理学や数学など、国語学を専門としない人々が、現実のはなしことばを観察し、アクセント体系を見出していくなど、新しい方向の学問を模索しはじめました。このような学問を、国語学を意識して日本語学と積極的に称していくようになります。しかしそれも、中国大陸に日本が侵出し、影響圏を拡大していくなかで、「東亜共通語」といった役割が日本語に期待されるようになると、そうした政治的要請を意識した日本語学となっていきます（詳細は、安田敏朗『日本語学は科学か――佐久間鼎とその時代』（三元社、二〇〇四年）を参照）。

時局と学問は切断できるのか

もう少し例をあげましょう。

一九四二年に『日本語の歴史』（健文社）という本を著した国語学者の三木幸信（当時は神戸市立第二高等女学校教諭。出版社勤務を経て敗戦後は京都女子大学で教えます）は、その「自序」で以下のように述べています。

> 我が国が東亜共栄圏の確立を意図するに至つて、俄然《がぜん》日本語の重要性が認識せられ、内地においてのみならず外地にまで、日本語の進出普及が要求されるやうになり、日本語に関する問

題は随分やかましく論議され、世人の関心は高まつたが、問題は益々多岐にわたり複雑性を帯びて来た。〔……〕一億国民が等しく皇国の世界的使命を自覚するならば、各々その立場々々において日本語の特質を理解し、よりよき改善進歩を急がねばならないと思ふ。〔……〕この日本語の改善をはかり、進歩発達に努めることは、内には国体を明徴ならしめ、外には世界的飛躍を促すことになると信ずる。（自序、一—二頁）

この時期の本はたいていこのような文言が書かれているのですが、外的状況とみずからの研究内容を接続させようと（少なくとも表面的には）していることは明白です。

この著者、三木幸信は、敗戦後の一九五四年に『日本語史概説』（三省堂）を出版します。これは本人も認めるように「汗顔の至りながら、旧著〔『日本語の歴史』〕を書きあらためて再び刊行のはこびになった」ものです。基本的な内容には変わりないものの、先に引用したような「自序」は当然省かれています。時局的な文言は「現在の日本にとっては、国語の問題こそ最大の関心事でなければならぬ」といった程度のみです。ちなみに両著ともに序文を寄せている国語学者の吉沢義則（京都大学、一八七六年〜一九五四年）は、「国語の知識は興亜を目指す国民の常識」だと一九四三年に書いていましたが、一九五四年には、敗戦後の一九四六年に告示された当用漢字と現代かなづかいについてふれるのみです。

時局がどのように変化しても学問とはその内容に変化を来《きた》さないものなのだ、ととらえるべきでしょうか。もちろん、時代や時局状況を一般化できませんが、やはり、そうしたものとの相関関係から切り離されたところで研究はできない、ということは自覚しておくべきでしょう。これはひとり国語学や日本語学に限った問題では、もちろんありません。

ところで、時局といった用語を使うと、いま現在とは関係がないような印象をあたえてしまいますが、右でみた構図は、いま現在でもしっかりと生きています。

たとえば、いろいろな面で冷遇されている日本語教師という職業がありますが、二〇一一年九月の野田佳彦内閣発足時に文部科学大臣に任命された中川正春が、日本語教育に関心が深いという点をもってして、「新内閣で、日本語教育業界に追い風が吹く?!」とつい特集を組んでしまう『月刊　日本語』を出している出版社や、これに沿った記事を同じ雑誌に寄稿する研究者たちがいます。現場の状況もよく理解したうえで、なおかつ批判も承知で書いているのでしょうが、日本語教育に理解を示す政治家だったら誰でもよいのですか、と訊いてみたくなります（よいのだ、といわれるでしょうけれど。たぶん）。

時局を見るに敏な例だと思うのですが、こうあからさまではなくても、たとえば、大学の研究において、「外部資金」という形で国や企業の研究助成金をどれだけ多く取ってくるかでその研究の価値が判断されがちであるという現状をみると、学問の根本は大きくは変わっていないように思います。

私は、研究に見合った資金ではなく、資金に見合った研究（資金を使い切ることが前提となった研究、ということです）になってしまっているのではないか、と危惧しています。その一方で、こうした状況に慣らされてしまっているなかで、こうした言説を非難する資格はあるのか、とも思うのですが。

そうはいうものの、現在までふくめて、時代の要請に消極的にせよ積極的にせよ、応えてきた歴史があります。これはもちろん、国語学や日本語学に限った話ではありませんが、こうした歴史をどうふまえていくのか、ということも、重要な姿勢になります。

総じていえば、やはりまなざし①が基本になってくると思います。つまり、ここまでみてきたように、とりわけことばに関わる学問には、理屈をこえて様々なことがらが盛りこまれてきてしまうのです。それはそうしたものだ、ということを十分に認識したうえで、そうしたことから無縁であろうとする意志をもつことが、最も大切なのではないでしょうか。

現場の現状を知らない無責任な議論だ、という批判は当然あるでしょう。しかしながら、状況に流されずに冷徹に物事をみきわめていくためには、無責任とは異なる、無縁であろうとする強い意志が必要なのではないでしょうか。

以上のまなざしが求めるものは、日本語の言語学という意味での「日本語学」とは関係がなく、むしろ、日本語にまつわるさまざまな――いわゆるトンデモなものもふくめて――議論という意味での「日本語論」が担うものではないか、といわれるかもしれません。しかし、この両者が混同されたまま、一般的な議論がされている、という印象を私はもっています。しかしながら、社会あるいは人間から言語を切断していくのは困難であり、ことばに関する学問も同様だと思います（切断していくと、究極的には脳内の話になっていくと思うのですが）。少し話を拡げれば、個人が社会や国家とどう関わっていくのか、ということとも関連してくると思います。

二章　日本語学の「知のわくぐみ」

わくぐみ①「ことばとは何か」と問うこと

比較言語学のあり方への反省

さて、以上のようなまなざしを設定したうえで、ようやく日本語学というものにとりかかることができるのですが、日本語学の歴史についてふりかえることで、日本語学という「知のわくぐみ」をなぞってみることにしたいと思います。

要は、日本語学が具体的に日本語をどのように分析していくのか、という点については、各々の専門書に委ねる、ということなので、責任放棄に近いのですが、「知のわくぐみ」をなぞることで、その可能性と限界とをみきわめていきたいと思います。

ここまで「まなざし」が先行しましたが、日本語学の目的は、日本語とはどういった言語なのかをあきらかにすることにあると思われます。「日本語とは何か」という形での問いかけは、前章でもみたようにさまざまな思惑を呼びこんでしまいます。したがって「日本語とはどういった言語なのか」

という問いかけも、敬語やら女性語やらの問題を含んでいってしまうとは思いますが、まずは「ことばとは何か」という問いをつきつめていくことで、こうした問題をいくらかでも回避することができると思います。

「ことばとは何か」という問いは、哲学の問題にもなっていく、奥深く幅広い問題ですので、この小さな本ではとてもあつかいきれません（大きな本だとしても、私には無理ですが）。したがいまして、ここでは、国語学者・日本語学者と呼ばれる人たちの議論を少し紹介して、かれらの考えた「ことばとは何か」について考えていくことにしたいと思います。そのため、引用文が増えて、なおかつ抽象化してしまいますが、どうぞお許しください。

前章でも少し述べましたが、日本語学という名称は、国語学に対抗する形で一九三〇年代に積極的に使用されはじめました。もちろん、明治期にも「日本語学」という用例はありますが、明治末年にかけて、上田万年たちが定着させていったのが「国語学」という用語でした。それはもちろん、国民国家日本にふさわしい国語を創り出していくという目的をもった学問という含意があります。そうした文脈では日本語学よりも、政治的な意味が付与されやすい国語学が好まれたといってもよいかと思います。その意味では、「ことばとは何か」という言語の本質を問う問いが前面に出てきていたとはいえないでしょう。

一九三〇年代に日本語学も用いられだした背景としては、以下のようなことが考えられます。これは、日本語を日本語として考察していくという態度表明ともいえるのですが、その根底にあるのは、国語学の起源が、比較言語学という西欧言語学概念の直輸入にあったこと、その手法が言語の歴史をたどる研究であるという点から発するものであったこと、という二点を見直すことにあったといえます。比較言語学の問題として、日本語と系統関係にある言語が結局は発見できなかったこともあり、国語学は史的・文献学的研究へと傾斜していきました。

ちなみに、上田万年は比較言語学こそが「科学」であるとして日本語への適用をはかるのですが、ごく最近の比較言語学の入門書が述べているように「比較言語学は、どんなに一生懸命に研究しても、ヨーロッパの諸言語以外では成果がなかなか上がっていないのが実情である」（黒田龍之助『ことばは変わる——はじめての比較言語学』（白水社、二〇一一年、九頁））わけですから、上田の考えた適用は成功しませんでした。したがって、日本での研究のあり方を問い直していこうとしたのは自然な流れだったといえるでしょう。もちろん、比較言語学が意味のない学問であるというわけではありません。

また、国語学においては、文法論の問題として、ヨーロッパ諸言語の文法概念を流用していくことになりました。のちにふれますが、近年では日本語における「主語」という概念そのものへの疑念まで出されていますので、長く尾を引く問題となりました。

その一方で、文語中心の分析となり、現代語の研究が等閑視されることにもつながりました。その結果として、とくにいま現在話されていることばの「音」への注目が遅れることにつながりました。

新村出の場合

たとえば、言語学者新村出が一九三三年の『岩波講座日本文学　言語学概論』（岩波書店）で初期の西洋言語学の輸入について、かなり率直な批判をしていますので紹介しておきます。前章でふれた上田万年に教わった新村ですが、このように述べています。

〔……〕本邦に於ける西洋言語学並びに音声学の祖述《そじゅつ》者の所説は、輸入当初より往々直ちに国語運動の所依《しょい》の原則として之《これ》が軽率に用ゐられた嫌ひがないでもなかつた。西洋の言語学や音声学が直接に諸種の国語改良の指導原理を与へることが如き観を呈したことが屡々《しばしば》あつた。西洋言語学が国語の新研究を促《うな》がした功績も少からずあつたことを私たちは認めるけれども、ともすれば利用厚生的に能率本位的に言語学が使はれたやうな場合がなかつたとは云はれない。〔……〕言語学が日本の国語研究の上に益したよりも、比較言語学の皮相が伝はつて国語と他国語の無造作な比較研究を促がし、比較すべき相互の国語の当該国語学の研究を忽諸《そうしょ》に附した〔いいかげんにする〕やうな方法論上の誤謬が頻繁に犯されたのも事実である。然しそれよりも、むしろ西洋の言語学の一面が、西洋の語法学と同じく、一種の規範的な指導原理を与へるものだと誤解されて、国語運動者や調査者の味方に使はれたやうな譏《そし》りを免れなかつたが、其の方の一種の過失は到底掩《おお》ふべからざるものがあつた。(一四—一五頁)

博言学を言語学だと解する見方に対して、比較言語学を、その中でも特に印欧比較言語学を、言語学の全部か要部かと解する見方も、日本の古いところにも行はれてゐた。〔……〕日本でいふと、殊に日本語と同系語とを比較する所の比較言語学を言語学の主要部と考へたがる傾がある。〔……〕明治二十年前後におけるチャンバレン氏の感化なども大に手つだつた様なわけで、言語の比較が言語学の主潮を形作つたらしく見える。〔……〕明治三十年代の日本の言語学界には、表面狭義の比較学風が漲《みなぎ》つてゐたと見られるのである。最近に至るまでは、日本には この比較学派が主潮をなしてゐたと言へる。今日でも此の風潮が決して絶えたわけではなく、今後なほ続出もするであらう。(二八—二九頁)

言語学が「国語運動」の原理に利用された、とか「表面狭義の比較学風」など、かなり辛辣な評ですが(師の上田万年を念頭に置いていたと思われます)、移入した比較言語学の日本での限界が認識され、あらたな原理を探していかねばならない、という思いも読みとることができるでしょう。

山田孝雄の場合

一九三〇年代には、こうした明治以降の国語学への反省がくりかえし語られました。

明治中期以降の国語学は、たとえば先にみた上田万年のように比較言語学を導入して「科学」的であることをめざそうとしてきたのですが、そうした科学たろうとしたことを否認する国語学者の山田孝雄《よしお》（一八七三年〜一九五八年）は、一九三五年刊の『国語学史要』（岩波書店）のなかで明治以降に西洋の言語学が輸入されてきたことの難点を二つあげています。

その一点は、

〔……〕わが国語は西洋の言語と性質も歴史も違ふからして、西洋の言語の理法をそのまゝあてて説いて見ても正鵠《せいこく》に中《あた》らない点があり、又西洋の言語に全く見えない現象もあるから、国語の学問として、隙間《すきま》だらけのものである。（自序、二―三頁）

というものです。比較言語学は別に日本語をもとにできあがってきた学問ではなかったのですから、この批判は当然といえるかもしれません。なおもう一点は、西洋言語学が、

〔……〕言語一般の理法を説くもので、文明の言語も野蛮の言語も一様に取扱ふべきものであ

り、又一国の語などに拘泥するものでは無い。〔……〕それに心酔したあまり、国語の国・といふ意識が殆ど無くなり、ただ言語といふ意識のみが跋扈《ばっこ》してゐる。それが為に、今の国語の学問といふものの多くは実際上、国家を捨象した学問の姿になつてゐる。〔……〕無統制主義、便利主義、機械観などの跋扈するやうな姿になつてゐて、国語の基が国民精神にあること、又国語そのものが国民精神の貴重な宝庫であるといふやうな重大な点が、殆ど顧みられないで、破壊的の言論がはびこつてゐる。（自序、三頁）

というように、「文明の言語も野蛮の言語」も一緒くたにしている、という点を批判しています。これはさすがにどうかとは思いますが、「国家のための学問」たるべきことを、山田が批判する上田万年も強く訴えていたことは前章で確認したところです。「国民精神」を強調するのは、一九三〇年代に『国体の本義』が出されていくような風潮を反映しているのではないかとも思われます。要するに国語学は西洋言語学の影響を受けて「やわ」になってしまった、といいたいようです。

もちろん、山田とて西洋思想の影響をまったく受けていないわけではありません。ゲルマン語学者であるヘンリー・スウィート（Henry Sweet、一八四五年〜一九一二年）や心理学者のヴィルヘルム・ヴント（Wilhelm Vundt、一八三二年〜一九二〇年）、ドイツ語学のヨハン・ハイゼ（Johann Christian Augst Heyse、一七六四年〜一八二九年）などの著作を原文で読みこんでいるといった指摘がなされています。とりわけヴントの心理学には影響を受けたようです（ナロック・ハイコ『『日本文法論』における文成立関連の概念とヨーロッパ言語学」、斎藤倫明・大木一夫編『山田文法の現代的意義』（ひつじ書房、二〇一〇年）参照）。

こうした点について、のちにふれる時枝誠記《ときえだもとき》（一九〇〇年〜一九六七年）などもふくめて、「押し寄せる西洋言語学の新理論に対抗するために、伝統的研究を継承しようとする自覚を西洋哲学によって正統化した」とまとめ、「教養の支えのない孤独な専門知識の世界」に入りこんでしまっている「言語学的専門知の滔々《とうとう》たる流れに抵抗した」とする見解もあります（釘貫亨「近代日本語研究における教養主義の系譜」（同前書、二八〇、二八一頁））。

要するに、ことばの形式的な研究ではなく、ことばとは何かという本質的な問いに、懸命に答えようとしていたということでしょう。山田孝雄は思想編および文化編に分かれる『大日本文献通覧』の執筆という、いわば日本学・国学の大成とでもいうべき構想を描いていました（山田忠雄編『山田孝雄の立志時代』（私家版、一九六八年））。実際に山田は、『日本文法論』をはじめとする国語学の諸業績はもとより、各種古典の注釈などの国文学の業績、『国学の本義』『大日本国体概論』などの国史学・文献学・国学の業績も多く、国語問題についても『国語尊重の根本義』『国語政策の根本問題』『国語の本質』などの著書を残しています。

そうしたなかで披瀝《ひれき》される国語観は、以下のようになります。

要するに、国語はそれぐ〵の国民の遠い祖先から継承して来た精神的文化的の遺産である。後世の子孫に伝はつてゐる遠い祖先の血が遠祖の持つてゐたのと同じ興奮と感激とを後世の子孫の心に湧き立たせる如くに国語は縦には時の古今を結びつけて一とし、横には現在の国民の心を結合して一とする力を有する。

一面からいへば国語は国家の精神の宿つてゐる所であり、又国民の精神的文化的の協同的遺産の宝庫であると共に、過去の伝統を現在と将来とに伝へる唯一の機関である。即ちこの国家の精神のやどつてゐるところといふ点から考へれば、わが現在の口語のみならず、文語はもとより遠く祖先以来の古典に存する言語が一層尊くなるのである。

かくして我々が国語に対してつとむべき点は之を尊重し、之を愛護するといふ一事に尽きると云つてよからう。〔……〕国語が歴史の所産であると考へれば、その伝統性が、国語の生命ともいふべきことは明白である。（山田孝雄「国語とは何ぞや」、『国語文化講座　第2巻　国語概論篇』（朝日新聞社、一九四一年、一八―一九頁））

この文章が書かれたのは一九四一年。「大日本帝国」のなかにさまざまな民族、さまざまな言語を包含しているという現実を、「日本国民として国籍を有する人間の用ゐてゐる言語はさまざまである」と認識したうえでの発言です。それにしても、本書一章でみた文化審議会の『これからの時代に求められる国語力について』の論調はこれとよく似ていますね。本書で述べてきた、さまざまなものを切り離して考えようとする「まなざし」とは正反対の観点になります（山田孝雄の文法論・敬語論などについては、読書案内や年譜などをふくめて、滝浦真人『山田孝雄――共同体の国学の夢』（講談社、二〇〇九年）を手にとってみてください）。

わくぐみ②「日本の言語学」を考えること

亀井孝「日本言語学のために」

山田が述べるように比較言語学への日本語への適用が問題とされてきた一九三〇年代、これもまたヨーロッパから言語学の新しい思潮が紹介されました。

構造主義言語学の祖といわれる、比較言語学者フェルディナン・ド・ソシュール（Ferdinand de Saussure、一八五七年～一九一三年）という人がいました。その講義を聴講した学生のノートを集めて編集した『一般言語学講義（Cours de linguistique générale)』がスイスで一九一六年に刊行されました。これを言語学者の小林英夫（一九〇三年～一九七八年）が『言語学原論』として翻訳したのが一九二八年のことでした（岡書院刊）。翻訳は日本語へのものがはじめてとされています。この本の功績としては、ラングとパロールを分けたこと、共時態、通時態という概念を導入したこと、概念と音声から成る言語記号の恣意性を指摘したこと（たとえばなぜ「イヌ」という概念をそういう音声で表現するのか、というのは理屈で決まっているわけではない、ということです)、言語が社会的事実であると指摘したことなどがあげられます。ソシュール言語学についてはシロウトである私があれこれ述べる資格はありませんし、参考書もたくさん出ています。

本書の流れで重要なのは、新しい思潮が紹介され、それへの反応が日本において生じた、という点です。

東京帝国大学文学部で国語学を専攻した亀井孝(一九一二年〜一九九五年)は、小林英夫のこの翻訳に深く関わっていました。小林の「訳者の序」によれば「〔亀井〕氏と共に原書と訳文との読合せにすごした」といっています。

その亀井が、一九三八年二月号の雑誌『文学』(六巻二号)に、「日本言語学のために」という論文を発表します。これはソシュールの新しい思潮について直接述べてはいませんが、それを念頭に置いているような書きぶりでもあります。また、国語学か日本語学か、といった議論の延長線上にあり、本章の「知のわくぐみ」を考えるには、たいへんふさわしいものなので、紹介します。

まず亀井は、国語学の成立に二つの流れがある、とします。ひとつは、「江戸時代に脈を引くところの、古来の国学の伝統」で、もうひとつが「新しく輸入せられた言語学」。しかし、こうして成立した国語学は、国学の伝統にも無知で、言語学も生半可な理解に止まっている、と亀井は痛烈に批判します。

批判はするものの、国語学が学問として現代的価値を有するのは、「現代を貫いて流れる共通の科学的精神に霑《うるお》されて」いるためだ、とします。つまりは「多かれ少かれ西洋の近代言語学による洗礼を受けてゐる点が今日の国語学に特殊な性格」なのだから、「国語学徒は言語学に対していさゝかも頑《かたく》なであつてはならない」というように、言語学を「国語学徒の教養の一つとして、進んでそれを知つておく方がよいであらう」と位置づけます。実際に言語学の方法が国語学のなかにきちんととりいれられた実例は少ないけれど、逆に「日本語の一角からして西洋言語学を方法的に拡充すべく努力してこそ価値があるのだ」とも主張します。それは、「豊富なデータの蒐集《しゅうしゅう》と忠実な事実の記載」に基いた「確乎たる実証の上に立ちつゝ一途に、方法そのものに深い理解を寄せる事」でもあり、要するに「言語学徒でない国語学徒は本質上存在し得ない」というのです。日本語を通じて言語の本質に迫つていく、ということのようです。

また亀井は言語研究に際しては「言語感情」への理解が欠かせないとするのですが、「人間がまづ最も優れた言語感情を有してゐるのは母語に対して」でなければならず、日本語以外の言語を研究するにしても、「母語に対する感情を何らかの意味で前提してゐる」のだといいます。さてそうなると、前章でみた、第三のまなざし、つまり「「正しさ」は存在しない」——たとえ「母語感覚」だといってもそれを「正しい」とすることはできない、といったようなこと——と抵触するように思われます。しかし、亀井は以下のように続けます。「国語学は、要するにかゝる感情に対して求心的に学的反省を加へるのである」と。

「学的反省を加へる」ということが具体的にどのようなことかについて、また言語学の具体的内容についても、亀井はとくに述べていません。「母語に対する感情」を検討の対象とすることなく絶対的なものとはするべきでない、ともとることができます。

一方で亀井は「日本語の同意語として「国語」にいさゝかの学問的価値なきことはまた明かであらう」とします。これは「国語学の字面に漂ふ一種独善的な感触は、彼が個別言語学の一に参ぜんとする限り、このもしからぬものである」という判断のためです。したがって、亀井は「国語学」を、形式的に「日本語学」と改称すべきである、と主張します。そうすると、この論文のタイトルである「日本言語学のために」の「日本言語学」とはどういうものなのでしょうか。

亀井はいいます。「日本言語学」とは「自国の伝統の中にしつかり根を下ろし、日本文化の世界を蔽《おお》ふて繁衍《はんえん》する所の生きた学としての言語学」である、と。要するに「日本語の語学」ではなくて「日本の言語学」という意味で、「日本言語学」を使いたい、ということです。しかし、いまだそこには至っていないので、「日本語学」という名称のもとで、まずは「国語学をば真の日本語の科学とすべく私達はひたすら努めなくてはならない」と述べるのです。「日本言語学」は「祝福さるべき将来のために保留しておきたい」とのことです。

そして最後に、一部で有名な、「国語学よ、死して生まれよ。」と述べてこの論文を締めます。印象的なことばです。なお、思想史家の子安宣邦は、亀井のこの論文などから、国の内側のみを向いた国語学の「一国知」的性格を取り出し、柳田国男の民俗学を「一国民俗学」とみなすことと並べて論じ、「国語学は死して生まれたのか」と問いかけています（子安宣邦『近代知のアルケオロジー――国家と戦争と知識人』（岩波書店、一九九六年）。増補版は『日本近代思想批判――一国知の成立』（岩波現代文庫、二〇〇三年））。

もちろん、個別に基づきながら普遍をめざそうという亀井の主張からは「一国知」的性格はうかがいにくいと思います。子安の批判した「一国知」から亀井は自由であろうとした、といえますが、ただ、「自国の伝統」とか「日本文化が世界を蔽」う、とか確かにあやふやな点もあります。

このあたりのスタンスをしっかり決めておかないと、たとえば亀井が「日本語の一角からして西洋言語学を方法的に拡充すべく努力してこそ価値があるのだ」と述べた点についても、別の人物ですが、時局に乗ってつい以下のようなことを書き残してしまうことになってしまうのです。

以下に引用するのは、一九三二年に設置された国民精神文化研究所の国文科の助手であった国文学者志田延義（一九〇六年〜二〇〇三年）が、研究所の「大東亜文化建設研究」シリーズの一冊として著した本の一節です。

諸言語研究の根柢《こんてい》には、国語を中心とする言語に対する学的体系の確立がなければならぬ。

従来の言語学が西欧を主体とする一般言語学として、国語学も亦かゝる西欧的言語学の一分科として規定しようとする傾向が見られたのであるが、今日の国語学と言語学との関係は、西欧言語学を批判する意味に於いて皇国世界観に立ち、日本を主体とする公正なる学とならねばならぬと同時に、それ故に国語学は国語の謂はば皇国世界的研究に由つて世界の言語学を改訂し指導すべき世界言語学の中心となるべきものと思惟する。（志田延義『大東亜言語建設の基本』（畝傍書房、一九四三年、二八六頁））

「皇国世界観って何？」と思うでしょうが、具体的にこの志田の本で説かれているわけではありません。「世界の言語学を改訂し」ということは亀井の述べていることと構図的には似ているようにも見えるのですが、「世界言語学の中心」などといってしまっているのは、一九四三年という時代をおおっていたある種の雰囲気でしょう。

ここでやはり確認しておきたいのは、時代の要請から無縁であろうとすることの大切さ、ということになるでしょうか（亀井孝の評伝として、小島幸枝『圏外の精神——ユマニスト亀井孝の生涯』（武蔵野書院、一九九九年）があります。また本書四章のブックガイドも参照）。

時枝誠記『国語学原論』

亀井孝は「日本の言語学」が必要だと主張していましたが、具体的な構想は示していませんでした。ここでは同様な問題意識に立ちつつ、「ことばとは何か」を考えようとし、「日本の言語学」を構想するなかでソシュールの言語観を批判していった国語学者時枝誠記をとりあげてみたいと思います。

時枝は主著『国語学原論』(岩波書店、一九四一年)の「序」で、明確に以下のように述べています。

> 言語の本質が何であるかの問題は、国語研究の出発点であると同時に、又その到達点でもある。〔……〕国語学はそれ自体言語の本質を明《あきら》める処の言語の一般理論の学にまで高められねばならないのである。〔……〕国語学は即ち日本語の言語学であるといはなければならないのである。(序、二—三頁)

「言語の本質」を考える、そしてまた「日本語の言語学」を構想する。先の亀井の議論との共通点がみてとれます。

ここでは『国語学原論』を簡単に紹介しつつ、問題を整理してみたいと思います。この本は一言でいえば、時枝の言語理論を展開したものです。目次は以下の通りです。

第一篇　総論

一　言語研究の態度／二　言語研究の対象／三　対象の把握と解釈作業／四　言語に対する主体的立場と観察的立場／五　言語の存在条件としての主体、場面及び素材／六　フェルディナン・ド・ソシュールの言語理論に対する批判／七　言語構成観より言語過程観へ／八　言語の構成的要素と言語の過程的段階／九　言語による理解と言語の鑑賞／一〇　言語の社会性／一一　国語及び日本語の概念　附、外来語／一二　言語の史的認識と変化の主体としての「言語」の概念

第二篇　各論

第一章　音声論／第二章　文字論／第三章　文法論／第四章　意味論／第五章　敬語論／第六章　国語美論

目次だけをみると、時枝は「言語構成観」というものを批判して「言語過程観」を主張していることがわかります。その理論に基づいて各論が展開される、という流れです。

「ことばとは何か」という大きな問いに答えるべく言語観を提示し、それに基づいて文法などの言語体系を分析していく、という大きな構想は、いま現在の日本語学には求めにくいものだろうと思います。「ことばとは何か」という問いに正面から答えようとすることが日本語学の主流ではないから

でしょうが、個別具体的な事象をきちんと分析していこうとする姿勢の反映であるともいえます。

それはさておき、この「言語過程観」について、時枝が別のところで解説していますので、かいつまんで説明しましょう。これは「言語が言語として存在するための存在形式を主体的表現過程と観る言語観」です。つまり、「言語を、概念と音声との結合体としてではなくして、表現素材である事物或は観念を、概念化し更にこれを音声によつて表白する主体的表現行為の一形式と観ずる」ということです。これを「心的過程」とも称しています。また、「主体的表現行為」であるため、「言語に対する主体的立場——即ち実際に言語的表現を為す主体の立場——と、かかる主体的所産としての言語を、客観的に観察する観察的立場とが区別せられ」る、といいます。これは主体的立場において言語を理解・鑑賞・価値批判し、観察的立場において研究をおこなう、といいかえられていきます。そしてこの両者を峻別して考えることは困難であるともつけ加えます。

さらにこうした言語表現・表現行為の成立には「主体（話手）と、場面（話手の相手である聴手）と、素材（表現せられる事物或は観念）との三者の存在条件が必要である」と説明しています。この三者の連関のあり方は、「言語によつて夫々相違し」「そこに又言語の特質が現れる」とします。

そして、「言語主体の立場は又これら主体の性格即ち民族性や歴史によつて規定される」ので、「国語の特質は国語の話手である日本民族の民族精神に由来するものである」となります。したがって「歴史的思想的大変革があつた場合、国語が異民族によつて語られる等の場合に、国語に変動を来たすことがあるのは、話手の性格や教養や伝統が相違するから」だという理解が示される一方で、「若し国語の伝統を保持しようとするならば、言語主体である話手そのものの言語表現に対する態度についてこれを匡正《きょうせい》し、指導する必要がある」という議論になります（時枝誠記「国語の特質」『国語文化講座　二　国語概論篇』（朝日新聞社、一九四一年、六六―六八頁））。

この論文は『国語学原論』には反映されていませんが、「言語過程観」の概要と、それがどういった問題をはらむのか――とりわけ「匡正し、指導する必要」を正当化している点など――を、明確に示していると思います。くりかえしになりますが、「民族性や歴史」が話者を規定する、という観点なので、それから逸脱する場合は話者を「匡正」しても構わない、ということになります。

この「言語過程観」は『国語学原論』のなかでは、「言語構成観」（つまり言語を「概念と音声との結合体として」とらえる言語観）を批判する形で示されていきます。ここで時枝のいう「言語構成観」とは、当時の国語学者たとえば橋本進吉（一八八二年～一九四五年）や先にふれた山田孝雄の言語観であるとします。つまり、「文法研究の両極を代表するもの」である「言語の意義内容に基く類別を立てられた山田孝雄博士の学説と、言語の文節構成上の形式に基く類別を立てられた橋本進吉博士の学説」には、「言語は心的内容と音声とを以て構成されて居ると云ふ言語構成観が存在して居ると考へてよいと思ふ」ということになります（時枝誠記「文の解釈上より見た助詞助動詞」『文学』五巻三号（一九三七年三月、五二頁））。少しわかりにくいと思いますが、言語とは部分部分に分割可能なものだ、ととらえるのが「言語構成観」ということになるかと思います。これは、『国語学原論』の目次にみられるようにフェルディナン・ド・ソシュールの言語観でもある、ということになります。「言語構成観」ではことばを音と意味にバラバラに分解可能な単なるモノとしてあつかっているのだ、という時枝の憤りが感じられるところでもあります。

先にふれたように、ソシュールの『一般言語学講義』は、小林英夫が一九二八年に『言語学原論』として岡書院から翻訳しています（のちに小林は京城《けいじょう》帝国大学で時枝の同僚となります）が、『国語学原論』という書名はあきらかにこの書名を意識したものです。時枝のソシュール理解に問題がある、という批判もなされていますが、ここでは、時枝の理解の「正しさ」ではなく、時枝がどのように理解したのか、という点が重要になります。

先にみたように、「言語構成観」に対置される「言語過程観」とは、「言語」を「心的過程」であると解釈し、表現行為であるととらえる立場だといいます。そして語を表出する過程において「概念過程」を経る語、つまり言語主体がある概念として対象化する語を「詞《し》」、経ない語、つまり言語主体の意識が反映される語を「辞《じ》」と称しました。

たとえば「雨だ」という表現行為をとりあげてみると、「雨」が「詞」であり、「だ」が「辞」になります。これは空から降り来る水滴をみて、言語主体がそれを「雨」と対象化し、まさにそのものであると意識して断定の「だ」を付した、と解説されます。断定できないときには、「か」を付して「雨か？」となるわけです。

このように「辞」はおおよそ助詞・助動詞ととらえてよいのですが、「詞」「辞」とは日本古来の歌学の用語であって、日本語への視線に即した言語観であることを強調していると考えられます。

その一方で、時枝自身の回想によれば、山内得立《とくりゅう》（一八九〇年〜一九八二年）の『現象学叙説』（岩波書店、一九二九年）を京城帝国大学の同僚宮本和吉（一八八三年〜一九七二年）の教示をうけながら一九三〇年代に勉強していたそうです（時枝誠記「「時枝文法」の成立とその源流――鈴木朖《あきら》と伝統的言語観」『講座日本語の文法　一　文法論の展開』（明治書院、一九六八年、二二頁））。フッサール（Edmund Gustav Albrecht Husserl、一八五九年〜一九三八年）の現象学の影響を受けたということです。その結果、時枝の著作に哲学・社会学・心理学用語がちりばめられることにもなりました。単に日本古来の「言語観」を強調しているわけでもないのです。

また、時枝は、ソシュールのいう言語の社会性についても批判をします。ソシュールのいう言語の社会性とは、時枝の理解によれば、言語が個人間の意志の媒体をなしているから、そこに個人に外在するものとして言語が存在する、つまり社会的事実として、言語主体と切り離された形で言語が存在する、というとらえ方になるのですが、時枝はそういう考え方はおかしい、というのです。むしろ、媒体として「言語」が存在するのではなく、個々人が「社会的交渉」のもとで、より本質的には「受容的整序の能力」（話者の発した音声から、聞き手がそこにこめられた概念を受容する能力）によって成立させている「習慣性」によって言語は成立している、とします。

何やらごちゃごちゃとしてきましたが、時枝の議論においては、言語という表現過程には伝達の部分も存在し、それを成立させるのが社会であって、また聞き手でもある、ということです。しかし、社会について、時枝は具体的に何の規定もしていません。そもそも言語が「過程」として成立しなければならないとするならば、その伝達過程は必要不可欠の要素となります。したがって、伝達がより広範囲で効率的に成立する「社会」ほどよりよいものだ、と時枝はいいます。そうした「社会」を選んでいくのは主体の「価値意識」であるとします。言語行為が表現目的を満足させるかどうかの主体の立場を時枝は「価値」と呼んでいますので、「価値意識」のあり方によって言語変種も主体によって選択されていきます。たとえば、「国家的価値意識」に基づけば、特定の限られた社会でしか通用しない方言よりも、標準語の方が表現主体によって選択されていく、というように。

この「言語過程観」のなかでくりかえされるのが、「主体」「主体的立場」という用語です。なお、「主体的立場」というと西田幾多郎（一八七〇年～一九四五年）などの京都学派の哲学者の用語が思いおこされますが、用語としての影響を指摘しうるにしても、時枝の議論そのものに西田哲学との関連を読みこんでも、時枝論の理解に影響はあたえないでしょう。ともあれ、先ほどふれた「詞」と「辞」を区別するのも、この「主体」による概念過程の有無ということでした。また、時枝がいう、言語を成立させる三要素の一つ（話手としての「主体」）として不可欠な存在であって、「総じて私の言語研究は、これを主体的言語学と呼ぶに相応しいであらう」（時枝誠記『国語研究法』（三省堂、一九四七年、一〇〇頁））と述べています。

では、一体、「主体」とは何でしょうか。時枝は、言語研究が対象にする「主体」について次のようにいいます。「こゝに言語研究の主体と云つたのは、必しも甲とか乙とかの特定個人を意味するばかりでなく、特定個人の言語を通して主体一般を考へることを意味するのである。故に日本語を考へる場合には、日本語の主体一般を考へることゝなるのである」（時枝誠記「言語に対する二の立場――主体的立場と観察者的立場」『コトバ』二巻七号（一九四〇年七月、八頁））。つまり、「主体」とは特定個人にとどまらずより大きな範囲、たとえば日本語を考える場合には、日本語話者全体を「主体」としてとらえることになります。個人のはずなのに、簡単に集団になってしまう、ということです。これをひとつの問題点とみなすことができます。もうひとつ、問題になるのは、言語成立の三要素に「場面（聞き手）」を設定したことです。これは聞き手が理解するに至る過程をふくめて言語だとする「言語過程観」からすれば当然のことなのですが、それがたとえば、「言語の不可欠な存在条件である場面に対する主体の顧慮を考へることは、言語の真相を把握する所以であり、又言語の社会性を明かにする足場であるといはなければならない」と『国語学原論』で語られるようになると、たとえば、「主体」とは社会生活の制約を受ける社会的存在であるという認識が示されるようになります。また、「主体」を強調していけば、場面をふくむ「社会」を変革する存在としてとらえる可能性もあったのですが、まず第一に「社会」に規定される存在として「主体」をとらえています。つまり、言語が存立することを最優先に考えると、伝達過程が保証されないような「社会」、あえていえば多言語社会というような「社会」は、時枝の頭のなかには存在しえないということになるでしょう。

ともあれ、時枝は「ことばとは何か」を問い、国語学以外の分野にも目を配りながら、当時の「日本の言語学」をつくろうとしたことを押さえておいてほしいと思います。

時枝誠記の陥穽《かんせい》

時枝誠記の言語過程説は、言語学では三浦つとむ（一九一一年〜一九八九年）に影響をあたえ（『日本語はどういう言語か』（講談社、一九五六年。講談社学術文庫、一九七六年）が知られています）、三浦を通じた形で思想家吉本隆明（一九二四年〜二〇一二年）の『言語にとって美とは何か』（勁草書房、一九六五年。角川選書、一九九〇年など）にも影響をあたえています。最近では、二〇〇七年に『国語学原論』が上下二巻に分かれて解説（前田英樹）とともに岩波文庫に収められ、手に取りやすくなりました。国語学というよりも、言語理論の古典の書として位置づけられているように思われます。

たしかに、山田孝雄のように「国民精神」を声高に唱えるわけでもなく、はたまた志田延義のように「皇国世界観」という意味不明な用語を使っているわけでもありません。長々と言語過程説を説明してきたのは、そうしたしっかりとした言語観のように思われるものであってさえも、本書の立場からすると、時枝の生み出した言語理論そのものが、先にみた「まなざし」と背反する事態を呼びこんでいってしまう、ということを検討してみたいからです。

以下、説明をしていきます。先にみたように、時枝は「主体」や「価値意識」という概念を抽出しましたが、このことで、時枝の言語観は言語研究の枠をはみだしていくことになります。

時枝は植民地の朝鮮に設置された京城帝国大学法文学部で一九二七年から四三年まで教えています（そのときに書いた論文がこの『国語学原論』を構成しています）。そうした環境のなかで、現実問題として植民地における言語政策に関して発言をおこなうようになりました。そのときの議論の軸になるのは、この「主体的な価値意識」でした。つまり、みずからの理論を言語政策に適用していこうとしたわけです。

ところが、この「主体的な価値意識」にもとづいて、国語を国家的な価値のある言語であるとし、朝鮮語や日本語（日本語方言）との区別をしました。

つまり、「主体」が、日本国という国家のことを考え、自分が国民であると考える以上、その「主体」が国家的価値のある生活を営もうとすれば、「主体的な価値意識」に基づくとすると、国家の言語であり国民の言語である国語を話すことは当然だとされるのです（時枝誠記「朝鮮に於ける国語政策及び国語教育の将来」『日本語』二巻八号（一九四二年八月））。

ここでの問題は、日本語話者という「主体」が「民族性」や「歴史」の名のもとに均一なものとみなされていること（朝鮮語話者という「主体」も同様です）ばかりではなく、日本語話者という「主体」と同様な存在をめざすものとして朝鮮語話者という「主体」が匡正・指導の対象になるとされる点です。それはさらに、国語と朝鮮語との二言語状態を不利なものととらえ、そうである以上朝鮮語を棄てて国語に一元化することが「福利」なのだという主張へと至ります。日本語と朝鮮語との「混乱」にいるよりも、「統一した国語生活」にいるほうが、朝鮮語母語話者にとっての価値としてはすぐれているから、「国語を母語化する」のだという論理になるのです（時枝誠記「朝鮮に於ける国語——実践及び研究の諸相」『国民文学』三巻一号（一九四三年一月））。

時枝は誰にとっての価値を誰が決定するかということに関しては一切ふれません。「言語過程説」のなかではそれは「場面」や「素材」から規定されるものだとされるからですが、しいて解釈すれば朝鮮人は日本という「国家」に所属している「場面」において発話をおこなおうとするとき、「国家的価値」という側面から、国語を「主体的」に選択して発話する、ということになるでしょう。

しかし、言語の存在条件である場面＝社会という定義の仕方が曖昧であることは、容易に「国家」と社会を結びつけることにもつながります。そしてそこに「国家的価値」ということばが入りこんできます。それと同時に、社会あるいは国家に関係するさまざまな政治的力学（たとえば植民地期の朝鮮であれば支配—被支配といった関係性）を読みこまなかったために、「主体」はそうした力学に唯々《いい》諾々《だくだく》と従わざるをえない状況を、それこそ「主体」的な「顧慮」のもとに選びとっているのだと述べることになるのです。その延長線上で「国語において楽しむ」ために国語を朝鮮人の母語とせよ、という主張に帰結していきました。

過程こそが言語だ、と時枝はいいます。そうなると過程はどうしても成立しなければならなくなります。それが前提となると、言語のとらえ方における場面の位置づけ、あるいは主体と場面との関係のとらえ方も、過程を成立させるということが最優先されることになります。また、「主体」を本当に中心と考えるのであれば、話者の「主体的」意識のもとでの自由なことばの発展ということもいえたかと思うのですが、時枝の場合は、「社会性」に「主体」が規定されるというところから、自由なことばの発展という考え方にはならなかったのだと思います。言語変革の「主体」としての話者、という議論がどうしても生じなかったのは、時枝の言語過程観の必然であった、というと早急かもしれませんが、結果的にはその時どきの政治的状況に親和的な言辞しかはけない言語理論を構築してしまったのではないかと思います。

言語を表現行為・心的過程であるとみなすのはひとつの立場でしょう。そのため、時枝の文法理論の有効性を越えて、いま現在でも支持する層を生みだしています（たとえば、佐良木昌編『時枝学説の継承と三浦理論の展開――言語過程説の探求』（明石書店、二〇〇四年）をあげておきます）。

しかし、影響が強い分、その限界をもみきわめていく必要があると思います。

ここで論じた内容の詳細は、安田敏朗『植民地のなかの「国語学」——時枝誠記と京城帝国大学をめぐって』（三元社、一九九七年）、同『近代日本言語史再考——帝国化する「日本語」と「言語問題」』（三元社、二〇〇〇年）をご参照ください。

「ことばとは何か」を求めること

先ほども少しふれましたが、「ことばとは何か」という本質的問いを発したのは時枝誠記ばかりではなく、山田孝雄など、複数存在しました。かれらは最新の言語学理論に刺激をうけ、言語学以外の学問分野の知識を借りてこの問いに答えようとしていました。こうした問いが、言語研究以外の要素を呼びこんでいってしまう、ということをこれまで指摘してきましたが、言語学以外の学問分野の知識を借りていった態度を「教養主義」とまとめた釘貫亨は、こうした「しばしば水掛け論になりがちな本質規定から一歩退いて、現象面に考察を絞って、精密さを目指した分析的記述を追究しようとする潮流が存在する。現代言語学においては、むしろこの方面が主流を構成していると言える」としています。

釘貫は、こうした「分析的記述」を日本語の、とりわけ音韻史についておこない、なおかつ、「国学流音韻学や創業期の近代文法学が内包していた民族主義、国家主義思想を免れて」いた人物として、橋本進吉を位置づけています（釘貫亨「専門知「国語学」の創業——橋本進吉の音韻史」、釘貫亨・宮地朝子編『ことばに向かう日本の学知』（ひつじ書房、二〇一一年、一八七、一八九頁））。橋本進吉といえば、先にもふれたように、時枝誠記が「言語構成観」として批判の対象とした人物でもあります。橋本は現在では学校文法、「分節」概念の提唱などでおなじみですが、音韻史の研究者です。それまでも江戸時代に本居宣長や石塚龍麿によって指摘されていた万葉仮名の書き分けを、「上代特殊仮名遣」として精緻化しました。弟子の大野晋（一九一九年～二〇〇八年）が古代日本語は八母音であったと踏みこんでいきますが、これについては諸説あります。手にとりやすいものとして橋本進吉『古代国語の音韻に就いて　他二編』（岩波文庫、一九八〇年）があります。

釘貫は、橋本の音韻史を以下のように評価します。

〔……〕精神主義的要素を言語の外に排除したという点において、専門知の体系たる国語学の創業は、文献学の技術、言語学の知識、国学批判を基礎にして音韻史研究を立ち上げた橋本によって成ったというのが筆者の結論である。（同前、一九〇頁）

音韻史だから「精神主義的要素」を排除できたのか、橋本進吉だから排除できたのか、そのあたりは注意が必要でしょうが、「精神主義的要素」を排除するという点は、本書の「日本語学のまなざし」がめざすところに近いように思います。これは「無味乾燥」と紙一重のところにあると思うのですが、そのあたりのバランスのとり方は慎重にならざるをえないでしょう。「言語の社会性」とどのように距離をとるのか、という問題とも関わってきます。

また、生成文法理論というものをうちたてた言語学者チョムスキー（Noam Chomsky）のインタビュー集の翻訳に付された「訳者による序説」（福井直樹）には興味深いことが記されています。

〔……〕人間の外に存在する客体としての言語という概念は非常に疑わしいものであり、また、「直接観察可能な」言語現象に対象をしぼった（アメリカ）構造主義言語学が言語の本質を捉え損ね、音韻現象を中心とする一部言語現象に関する分類学的記述に終始し、その結果、一種の閉塞状況に陥って学問的命運が尽きてしまったことも、すでに歴史的事象に属することであろう。「言語」とは人間を離れては存在し得ず、「言語の本質」とは、あくまでも人間の心／脳（以下、煩雑さを避けるために、単に「脳」と略記する）の内にこそ存するのである。この意味において、言語の研究とは人間の脳（の一側面）の研究に他ならない。（「訳者による序説」、ノーム・チョムスキー（福井直樹・辻子美保子訳）『生成文法の企て』（岩波現代文庫、二〇一一年、三頁））

「人間の外に存在する客体としての言語という概念は非常に疑わしい」という見方は、時枝誠記のものと同一といってよいでしょう。そして、音韻現象を分類記述していった結果「言語の本質」をとらえそこねた、というのです。これはある意味では橋本進吉への批判へとつながっていくかもしれません。チョムスキーの場合、そこから、言語の本質を、人間が存在する社会との関係へと求めていくのではなく、人間の内側である脳に存在するものだ、としていくわけです。社会に行かないんだったら脳に行く、というわけでもないでしょうが、これもまたひとつの立場でしょう。しかし、時枝にならっていえば、社会という要素、伝達という要素を欠いた議論は、はたして「言語」を論じることになるのか、という批判もできるでしょう。もちろん、厳密にはいいきれないでしょうが、脳のなかには民族主義も国家主義も、最初から備わっているわけではない、という利点はあるでしょうけれども(脳科学の立場からは、酒井邦嘉『言語の脳科学——脳はどのようにことばを生みだすか』(中公新書、二〇〇二年)が参考になります)。

わくぐみ③日本語学の系譜を追うこと

一九三〇年代という時代

ちょっと話と時代がずれましたが、社会的なさまざまなことがらから無縁であろうとする、とくりかえし述べてきた本書としては、脳に行ってしまうよりも、「言語の社会性」とどうバランスをとるか、というところにもう少し焦点をあてたいと思います。

バランスをとる、といっても、時代の影響はどうしても避けることができません。日本語の研究をめぐる状況についても、一九三〇年前後の時代の変化の影響を受けざるをえません。

たとえば、一九二五年に商用ラジオ放送が始まると、音声の標準化が現実的な問題として登場してきます。また、植民地はもちろんのこと、一九三〇年代には中国大陸にも日本は影響圏を拡げていきます。象徴的なのは一九三二年に「建国」した「満洲国」でしょう。そうした場所でも実践的な日本語教育が要請されていきました。こうした普及のために必要なのは、標準化された音声言語です。しかしながら、それに対する学問的な研究、実践的な研究は、国語学ではほとんどなされていませんでした。さらに、教育しやすい表記体系や統一された基準（アクセントなどをふくめて）も必須なのですが、どれひとつとっても不十分でした。

ラジオは音声のみに依存するメディアであり、文字による意味の確認は不可能です。そうした意味で、放送における標準語の確立が切に要請され、日本放送協会は一九三四年一月に「放送用語並発音改善調査委員会」を設置し、その設定に尽力していきます。それと同時に単語のアクセントの統一も切実な問題として浮上してきますが、日本放送協会が『日本語アクセント辞典』を刊行したのは、ようやく一九四三年のことでした。

また一九三五年に日本放送協会から『宮廷敬語』というパンフレットが出されています。これは「皇室に関する敬語又は之に準ずる用語のうち、主として、発音上注意すべきものを掲げた」もので、宮内省や右記「放送用語並発音改善調査委員会」の審議を経て作成されました。そこでは五〇〇語の用語についての発音とアクセント、そして若干の解説が付されています。まず基準が示されたのが皇室用語だったわけです。

佐久間鼎と日本語学

こうした事態を、「日本語問題の登場」としてとらえた人物がいました。

あらたに登場した日本語の問題は、音声言語としての日本語を前面に持出して来た点および国内だけでなく国外に対しての文化工作の性質を帯びてゐる点で、かつて見られなかつた新味を示す。〔……〕日本語の本領は、先人の偏見を離れて事理に徹することによつて、はじめて顕《あら》はにされる。(「日本語問題の登場」『日本語のために』(厚生閣、一九四二年、九―一〇頁))

この文章を書いたのは佐久間鼎《かなえ》(一八八八年~一九七〇年)です。「国外に対しての文化工作」が要求されるときに、「先人の偏見」を離れ、「事理に徹する」研究を、というのは国語学への批判ともとれます。一九三一年には、ソシュールを念頭において、「言語の社会性」や「話す大衆」の歴史性に着目した研究をおこなわなければならない、と強調していました(佐久間鼎「国語教育の科学的研究」『教育・国語教育』一巻二号(一九三一年五月))。佐久間が東京帝国大学で専攻したのは心理学だったこともあり、国語学の枠にとらわれることがなかった、といってもよいでしょう。

佐久間は一九一〇年代に主として東京方言のアクセントの体系化を試みます。さらに話者の心理と抑揚・イントネーションの関連から現代音声日本語を対象として研究し、音声学関係の著述も残しています。いま現在話されていることばの、しかもアクセントに着目しました。こうした「ありのまま」を観察してそこに法則を求めていく、ということは、文献中心の当時の国語学の手法とはまた異なるものでした。

その後佐久間は、一九二〇年代のドイツへの留学をへて獲得したゲシュタルト心理学（一九一〇年代にドイツで成立したもので、要素に還元できないまとまりのあるひとつの全体がもつ構造として心的現象をみる心理学）を念頭におき、一九三〇年代に現代日本語の文法体系をゲシュタルト（全体性）として把握して分析していきます。帰国後九州帝国大学の教授となった佐久間は、ゲシュタルト心理学の翻訳紹介に尽力します。

国語学で等閑視されてきた現代日本語、口語のなかにもきちんとした体系があり、それは文語よりも簡素で緊密な体制＝ゲシュタルトを形成していると主張し、このゲシュタルトの分析こそが「科学」なのだといいます。

いまでは一般的になっていますが、話し手と聞き手とが構成する「場」のなかでの距離感によって「コソアド」の体系を説明したことや、動詞語幹を子音で終わるか母音で終わるかで分けることで、学習者に分かりやすい動詞の体系化をはかる（こちらは、現在の日本語教育の世界では常識となっているようです）など、独創的な研究成果をあげています。

現代語、はなしことばに注目した研究をおこない、これが「日本語学」だと佐久間は積極的に称していきます。もちろん、従来の国語学との差異化をはかるためですが、もうひとつ意味がありました。

一九四〇年代前半、つまり「大東亜共栄圏」の共通語としての日本語という位置づけがなされようとしていた時期に、佐久間はそれまでの研究の集大成である『日本語の特質』を刊行します。その「はしがき」で、「日本語の海外進出」を念頭に、「日本語の科学的認識といふことを目ざ」すとしたうえで、

〔……〕もちろん従来の国語学の研究のおかげを蒙るわけですが、そのおかげばかりでも足りないやうに思ひますので、外にもいろ〳〵な道具立をするために、おのづから毛色のかはつたものにもなつて来さうです。そこで、国語学といふ名《ママ》のることを遠慮して、一々日本語の科学的考察といふのもわづらはしいことですから、日本語学といふ称呼を用ゐて行きたいと思ひます。（佐久間鼎『日本語の特質』（育英書院、一九四一年、一―二頁））

と日本語学を意味づけています。日本語の海外普及のためになるような学問としての日本語学、という意味を読みとることができるでしょう。一方、同様の意図から音声学に関する書籍も刊行しています（『実践日本音声学』（同文書院、一九四一年））。

日本語の健康化へ――国家総動員のなかの日本語

学問も社会状況から多かれ少なかれ影響を受ける、とすれば、時局に乗った発言があることもま

た当然といえなくもありません。しかしながら、立論自体のもつ問題となるとまた話は別です。一九三〇年代に佐久間は「日本語の健康化」という主張をくりかえすようになるのですが、ここに佐久間の唱える「科学」の限界があったと思います。

つまり、現代音声日本語を「ありのまま」にみていくと、そこには漢語や文語に「汚染」されているという実態がうかびあがってきます。佐久間はそうした夾雑物《きょうざつぶつ》をとりのぞいていくことが「日本語の健康化」であり、「本然」にたちもどることだという主張を展開していきます。それこそが秩序ある統合された状態＝ゲシュタルトなのだ、という根拠で。

単なる言語純化論ではないか、と思うかもしれません。しかし、「日本語の健康化」とは、一九三〇年代に盛んに唱えられた「身体の健康化」の流れのなかにあることを忘れてはならないでしょう。これは、一九三〇年代以降の引き続く戦時体制下のなかでとられた総力戦体制の一環でもあります。総力戦とは軍事・政治はもちろん、経済・思想・文化の分野までふくめて国家の総力をあげて戦争を遂行することで、二〇世紀の戦争指導体制は一般的にこのようなものでした。一九三八年の国家総動員法は象徴的ですが、国民すべてが国家のために動員される、というものです。

動員される以上、役立つものでなければなりません。したがって、「健康」であることが奨励され、「不健康」なものが排除されていきます。一九二〇年代後半以降、「思想善導」のために「健康」であることが奨励されるようになったのです（北澤一利『「健康」の日本史』（平凡社新書、二〇〇〇年））。

国民の体力向上と軍需労働力の確保を目的とした厚生省の設置（一九三八年一月）も象徴的な出来事です。「健康」であるための「厚生運動」や「健民地」設置、「余暇」の奨励などがなされる一方、ハンセン病患者の全国的な強制隔離など、「不健康」とされたものへの排除の圧力も高まっていきました（たとえば、藤野豊『強制された健康――日本ファシズム化の生命と身体』（吉川弘文館、二〇〇〇年）など参照）。結核予防や母体・乳幼児の健康、滋養強壮に努力することが、「健康報国」などと称されてもいました。また一九二八年に始まったラジオ体操にも、こうした「健民」思想をみることは簡単です（黒田勇『ラジオ体操の誕生』（青弓社、一九九九年））。いまはなくなりましたが、私が小学生のころはまだあった「健康優良児」制度（一九三〇年開始）の根底に流れる志向も同じですね。

また、「日本語の健康化」によって獲得される現代音声日本語は、結局は東京語・標準語でしかありませんでした。佐久間は、方言や煩雑な敬語、そして手話などを排除していったのです。それは「簡素で緊密な体制」を阻害するから、という理由でです。佐久間自身は当時流行の「日本精神論」などの復古主義的論調とは距離をおいていましたが、その根拠は「科学性」の有無にありました。佐久間のいう「科学性」で排除されるものとは何かに目を配っておかねばなりません。こうした主張自体のもつ問題は決して小さくはないと思います。

「健康化」からより一歩進んで「優生学」的な表現もみえかくれし、言語に優劣はないといいつつも、「大東亜共栄圏」の共通語としての「日本語」の適格性を、英語やエスペラントとの比較のうえで、「科学的」に論証しようともしていました（佐久間鼎「大東亜共通語としての日本語」『国語文化』二巻五号（一九四二年四月））。さらには、緊密な体制をもつ日本語が、純朴な古代におけるあり方と相似するといった議論もしていました（佐久間鼎「生活語としての日本語」『日本語』一巻四号（一九四一年七月））。これも、「健康化」のいきつく先といえるでしょう。

佐久間が慎重に排除しようとしていた「科学」的根拠のない精神的な議論、日本精神論にみずからも入りこんでいった、といえるかもしれません。構図としては、時枝誠記の場合と類似しているかと思います。みずからつくりあげたことばへの観点が、社会状況を呼びこんでいき、結果的にそれに親和的な主張をしていくことになる、という構図です。

ことばは社会のなかで使用されているのだから、ことばに関する学問も社会状況を呼びこんでいってしまうのは必然だ、と考えることもできます。したがって、社会状況を呼びこんでいったことについては不問に付して、言語理論のみを継承・発展させていくという姿勢をもつことも必要かもしれません。そうでないと研究ができない、ということもありますが、より重要なのは、本書の立場からすれば、そうした操作をしていることに常に自覚的でなければならない、ということでしょう。

なお、佐久間のこうした議論については、安田敏朗『日本語学は科学か――佐久間鼎とその時代』（三元社、二〇〇四年）で詳しくあつかいました。ご参照ください。

佐久間鼎の継承――日本語学の現在

日本語の研究に関する以上のような視点――先駆者の理論のみを継承・発展させる視点――は、現在までも連綿として続いているといえます。

たとえば、二一世紀になってから顕著になっているのが、現代日本語研究に先鞭をつけた人物の業績の再評価です。

「主語廃止論」を唱えた三上章（一九〇三年～一九七一年）がその中心的な人物だといえますが、三上は佐久間鼎の日本語研究の影響を強く受けているといわれています。

絶版になっていた三上の著作集や、未完であった博士論文（『構文の研究』）、研究者による概説書（庵功雄『『象は鼻が長い』入門――日本語学の父三上章』）などがくろしお出版から二〇〇二年～二〇〇三年に刊行されています。日本語学の貴重な研究成果ではあるものの、いわゆる学界からは正当に評価されてこなかった人物とされています。また、評伝は、金谷武洋『主語を抹殺した男――評伝三上章』（講談社、二〇〇六年）があります。具体的な日本語の分析については、これらにあたっていただきたいと思います。

この三上と、民主主義科学者協会言語学部会を中心に活躍した奥田靖雄（一九一九年～二〇〇二年）を雑誌『国文学　解釈と鑑賞』が二〇〇四年一月号（六九巻一号）で特集しているのですが、そのトビラのことばで、三上と奥田について、従来の言語研究と無縁の出発点から日本語研究へとわけいった異色の学者である。国文法からはなれた、あるいは国文法ときびしく対決する研究をつづけ、日本文法の革新者として、かずかずの内容ゆたかな著書、論文をあとにのこした。

というように位置づけています。たしかに、三上は東京帝国大学工学部の建築学科を卒業後、数学の教師として植民地台湾、そして朝鮮で教鞭をとり、日本でも高校の数学教師としての勤務をながくつづけた人物です。奥田も、「満洲国」のハルピン学院を卒業し、「満洲国」建国大学助手などを務め、ロシア民族学に興味を抱いたこともあるといいます。国語学からすれば「門外漢」です。もちろん、心理学を専攻した佐久間鼎もそうなのですが、国語学の訓練を受けていなかった日本語研究者の所説がこのところ脚光を浴びるようになってきている、ということです。この特集に寄稿された文章から拾ってみると、

伝統的な国語学の文法論では、なにゆえに文なのか、という問いに関心があり、多く術語部分の構造に注目したいわゆる陳述論が展開されていた。その議論は、ときに抽象に走り、また思弁的でもあった。〔……〕また、研究の対象はその多くが文化的所産としての古典語にむけられていて、現代語の記述的な研究が不足していたし、また、その内容はきわめて貧弱であっ

た。そのため、現代日本語の実用的な文法という点では、多くの問題をはらんだものだった。後年、外国人に対する日本語教育がクローズアップされ、また、コンピュータの普及にともない、言語情報処理の世界が脚光をあびる時代がおとずれた。そこでは、実用に供しうる科学的な日本語の知識が要求された。このような要請に対して、伝統的な国語学は、観念的で難解であるとされ、日本語教育や言語情報処理の世界で受け入れられることが少なかった。（村木新次郎「三上章と奥田靖雄――それぞれの軌跡」『国文学　解釈と鑑賞』六九巻一号（二〇〇四年一月、一九頁））

という評価があります。明治時代に上田万年たちがつくった国語学の議論では対処できない状況が一九三〇年代に佐久間鼎の日本語学を生み出したという構図と似た構図が、いままた顕著になってきている、ということでしょう。つまり、「伝統的な国語学」では現実の要請に対応できなくなり、そこで国語学プロパーでない人物たちの「革新的」な研究への評価がなされているということのようです。

さらに、三上章の文法の延長線上に寺村秀夫（一九二九年～一九九〇年）を位置づけ、両者の文法を簡明に論じた益岡隆志『三上文法から寺村文法へ』がくろしお出版から刊行されたのは二〇〇三年のことでした。副題に「日本語記述文法の世界」とあるように、益岡は日本語記述文法に必要な要素を「包括性」「体系性」「明示性」「実用性」として論を進めていきます。三上が佐久間に傾倒していたことを指摘したうえで、佐久間の研究の特色を、「現代語プロパーの研究者だったこと」「「構文」を重視したという点」「先行する学説にとらわれることなく、現実の生きたデータに目を向け自由な発想で文法を考えようとした」「他の言語と比べてみることが必要であると考えた」ことであるとしています。佐久間の「体系性」について益岡は疑問をはさんではいるものの、日本語記述文法として十分に成立するとしています（同前書、プロローグ）。

しかし、先にみたような、佐久間鼎の議論の社会状況への「逸脱」についてはとりあげることはありません。言語論とは別個のものだ、という見解からすれば当然です。しかしながら、「逸脱」していく可能性は常にある、という意識をもっているべきだと思います。

主語は不要か——意味の過剰

佐久間鼎に影響を受けた三上章は、日本語の助詞「は」について考察するところから、主語不要論に至るのですが、代表的な著作に『象は鼻が長い——日本文法入門』（くろしお出版、一九六〇年、新装版二〇〇二年）があります。佐久間はこの著作に序文を寄せています。この著作の解説書（庵功雄、前掲書）もありますので、三上の全体像を知ることはそう難しくはありません。

「主語」という概念に示した三上の疑義を、より拡大させていったのが、金谷武洋でした。金武は三上の評伝を書いたのですが、それに先だって『日本語に主語はいらない』（講談社選書メチエ、二〇〇二年）を著します。

金谷はカナダで日本語を教えており、そこで直面したさまざまな問題を考えていくなかで三上の議論を知り、日本語には主語そのものが存在しないのだ、という議論を展開していきます。仔細な議論やその妥当性については、当該書を読んで判断していただきたいと思います。

ひとついえるのは、「ことばとは何か」という探究に向かおうとするのではなく、「日本語とは何か」という問いかけになっている点です。となると、意識的にならないと、簡単に（トンデモ的な）「日本論」へとつながっていってしまいます。

「日本語とは何か」と問うには、別の言語との比較という視点が要求されることもあります。金谷の場合は、英語がそれになりました。ある新書ではこのように述べています。

ご存じの通り、愛の告白は英語で「アイ・ラブ・ユー（I love you）」ですが、日本語はどうでしょうか。

すべての単語を和訳してわざわざ、「私はあなたを愛しています」などと言う必要はまったくありません。状況や文脈でどの人物を指しているかは分かりますから、単に「好きよ・好きだよ」だけで十分なのです。「私はあなたを愛しています」などと言うのは翻訳機械みたいで逆効果。せっかくのロマンティックな雰囲気が壊れてしまいます。

逆にいえば、文脈が明らかなのに、それでも〈話し手〉と〈聞き手〉を言わなければならないのが英語だ、ということなのです。動詞の「ラブ（love）」だけでは文になりませんが、日本語の「好きだよ」は、これだけで立派な文です。（金谷武洋『日本語は敬語があって主語がない――「地上の視点」の日本文化論』（光文社新書、二〇一〇年、一九頁））

こういうところから、主語不要論を展開していくわけです。さて、どう思いますか。

それはそうかもしれない、と思う人もいるでしょう。それはそれで構わないと思います。また、「好きだよ」という表現が文脈依存型だということもできるでしょう。しかし、文脈に依存しない表現も必要とされる（たとえば文章表現などで）わけですから、「好きだよ」が唯一の正解というわけではない、ともいえるでしょう。ついでにいえば、近代日本語は、文体も語彙も、翻訳と切り離して考えることはできませんから、何が「日本語らしい」か、ということは、きわめて相対的なものだともいえるでしょう。

ところが、金谷は議論を文化論的に展開していきます。日本語論が日本論に展開してしまうのです。本書の「まなざし」からすると避けるべき流れです。少しみてみましょう。

金谷は、英語は上からの「神の視点」の言語であり、日本語は対照的に「地上の視点」の言語だ、といいます。それはそうした仮定があっても構わないと思いますが、川端康成の『雪国』の有名な冒頭「国境の長いトンネルを抜けると雪国であった」が、エドワード・サイデンステッカーによって「The train came out of the long tunnel into the snow country」と翻訳されたことをもってこうした結論を導きだす（二八頁）のは、いやまぁ、そんなのありですか？　といいたいほど厳密さに欠けた論の展開です。川端とて「汽車は長いトンネルを抜けて雪国に出てきた」と表現できるわけですし、それが「正しくない」日本語であるとはいえないでしょう。文学者川端康成の切りつめた表現がそこにあるだけです。

こうしたちょっとした思いこみは、えてして極端な方向に突っ走ってしまいます。金谷は、「9・11テロ事件の後にアメリカ政府がとった行動は、端的に言って「誰」がこの事件を起こしたのか、その「下手人（＝主語）探し」ではなかったでしょうか」（三七頁）と、何やら当時のブッシュ大統領が英語話者だったからアフガン侵略戦争がはじまったのだ、という奇説を唱えそうな勢いです。さらに、「夫婦に子供ができたとたんに、お互いを「ママ」「パパ」と呼び合う」ようになるのは、日本語が「話者を自ら弱者の立場に置かせようとする」、「地上の視点」をもっているからだとも主張していきます（五三頁）。

とすれば、当時の小泉純一郎首相が日本語話者ならば、「テロ」という手段をとらざるをえない状況に追いこまれた「弱者」の立場に思いを致し、ブッシュの報復テロを諫《いさ》めるべきだったのではないでしょうか。と、このように、ことばの本質とかけはなれた議論を、しかも与太話に近い議論をみずから呼びこむような論述をしていってしまうのです。

せっかくの主語概念の問い直しという作業までも、眉唾にみえてきてしまいます。

ついでにいえば、この本では、日本語をほめられた初級学習者が素直に「ありがとうございます」と答える例などをあげたうえで、そうした答えのことばを、

〔……〕言われたりしてカチンときたことがあるのではないでしょうか。構文的にはすべて正しいのですから、間違いは文法にはありません。それでは何がいけないかというと、間違いは「気持ち」のほうにあるのです。これらの文のいずれにも話者の相手への敬意があまり感じられません。（一四四頁）

とします。日本語初級者のことばをほめたら「ありがとうございます」といわれた。それなのにほめたはずの本人が「カチンと」くる、とは妙な話ですね。期待する答えは、おそらく「いいえ、まだまだです」なんでしょうが、いったいなんの権利があって日本語学習者に「へりくだり」を教えこもうというのでしょうか。こうした論の展開は、先の「9・11テロ」への話の展開のさせ方と同じ構造になっていることはおわかりでしょう。そもそも、ひとの気持ちのもちようはさまざまのはずです。へ

りくだるのが「日本的表現」なのだ、と教えて何が楽しいのでしょうか。

金谷だけではありません。『iichiko』という雑誌の113号（二〇一二年冬号）は「金谷武洋の日本語論」という特集を組んでいます。金谷の議論の影響力の大きさをみることができるのですが、ここでは、金谷の日本語論は、西田幾多郎・和辻哲郎・廣松渉といった著名な哲学者たちの議論と接合、あるいは超越するものだときわめて高く評価しています。「日本の言語、日本の術・技、日本の文化は、「非分離／術語制／場所」そして非自己にあるのだ。近代西欧の「分離／主語制／社会」自己を超えていくものである」（山本哲士「Director's Note」）とまで話を展開していきます。

戦前になされた「近代の超克」論を思い出してしまいます。ヨーロッパ近代の行き詰まりを日本が打破する、といった根拠のない内輪の盛りあがりの議論でした。いま現在において、そこまで熱狂・興奮してよいのでしょうか、と心配になります。過剰に意味づけをする必要がどこにあるのでしょうか。この特集で金谷の右のような「9・11」に対する解釈を批判しているのは、岡智之「日本語の主語、「は」と「が」をめぐって――「場所論」の観点から」だけです。

日本語学を金谷に代表させるわけでは決してありません。日本語学自体が小さなサークルのようなもので、さらにそのなかの一部の盛りあがりだ、と傍観する姿勢も大切かとは思います。しかしながら、こうした「地上の視点」からでないと「正しい日本語」が獲得できない、などと日本語学習者に教えていくのだとすれば、同化主義的な傾向を感じとらざるをえません（「同化主義」で何が悪い、というのであれば、この本を閉じていただくしかないのですが)。
これは、以下のこととも関連します。

「自然な日本語」とは何か

主語不要論はおいておくにしても、先にとりあげた「私はあなたを愛しています」という表現も、日本語ではないか、と思うわけです。「ロマンティックな雰囲気」が壊れるかどうかは、表現の問題ではないでしょう。「自然な日本語」というものを無前提に設定してしまっているように思われるのです。くりかえし述べてきたように、それに疑いの目を向けるのが本書の「日本語学のまなざし」なのです。

日本が植民地支配をした台湾では、日本語を「国語」と称して学校などで使用していきました。「自然な日本語」を話せるようになるには、「日本人らしい身体所作」を獲得しなければならない、という主張のもと、はなしことばの徹底した教育がめざされてもいました。その一方で日本人教師たちも、標準語という意味での「正しい日本語」を必ずしも獲得していたわけではなかったので、台湾人生徒たちの母語の影響などもあって「変態的国語」とか「台湾的国語」とか称されるような日本語も観察されるようになっていました。当時の日本人教師達にとっては、これは矯正されるべきものであったので、事例としての採集が比較的なされています。たとえば、「あの一本の木」とか「筆を以て字を書きます」といった表現まで、「台湾的国語」として矯正の対象としていきます（平松誉資事『大東亜共通語としての日本語教授の建設』（光昭会、一九四二年）。しかしながらそれが日本語ではない、と断言できる根拠はどこにあったのでしょうか。

また、市場で日本人と台湾人とが値段交渉をするようなときに生じたいいまわしなどは「破格の国語」とも称されていました。どこまでを「日本語」とするかは、きわめて恣意的な判断になります。人によって判断が異なってくるといってよいでしょう。

ところで、いま現在、まわりをみまわすと、とりわけ英語の「ネイティブ信仰」があおりたてられているように感じます。「ネイティブ」が絶対化され、それを真似ることで「自然な」ことばを話しているような気になる。これは「自然な日本語」を話させようとする圧力のうらがえしともいえます。

ともあれ、「正しい日本語」「自然な日本語」というときに感じるのと同様な違和感を、金谷の議論に感じるわけです。考えすぎでしょうか（台湾の日本語に関する言説の諸相および歴史については、安田敏朗『かれらの日本語――台湾「残留」日本語論』（人文書院、二〇一一年）をご参照ください）。

わくぐみ④現在から過去を直視すること

日本語学という知のわくぐみを不十分ながらみてきました。日本語学という名称が一九三〇年代という日本の状況の変化をふまえて国語学の限界を意識しつつ登場してきたように、名称自体も時代状況と不可分にあるといえるでしょう（一九四四年に結成された国語学会が二〇〇四年に日本語学会へと改称したのも、時代状況と不可分であったともいえます）。そしてまた、歴史的にみれば、その時どきの西欧の言語学思潮の影響を受けながら、独自の言語学、「日本の言語学」を模索してきました。そこでは、「ことばとは何か」という本質に向かう問いと同時に、「日本語とは何か」をも当然問うていくことになります。同じ日本語を対象としつつも、普遍に向かうか、個別に向かうか、という二つの方向があるのですが、何人かの国語学者や日本語学者の言語論をみてきたように、時代の主潮の学問思想を借りつつその方向および手法を確固たるものにしようとしてきました。こうしたさまざまな試みが「日本語学」の基底をなしているといえます。普遍に向かう流れは、近年では脳科学につながっていきます。一方で個別に向かう流れとしては、やや決定打を欠いた形ではありながらも、種々の研究がなされている、としかいいようがない状況です。

先に述べたように、亀井孝が「日本の言語学」という意味で「日本言語学」を使いたい、としていましたが、「日本言語学」はいまだ確立されていない、といってよいかもしれません。

人間が社会のなかでことばを使う以上、その研究にあたってもさまざまな要素を呼びこんでいくのは、ある意味では必然的でもあります。いくつか事例をあげたように、時代状況に親和的な発言を、みずからの言語論に基づいてしているのは、そのためであるといってよいでしょう。

時代状況に親和的な発言をしていることを、後世のわれわれがどのように評価するか、というのは、難しいところであるかもしれません。その時代に生きていたのだからその時代の価値観から判断するべきであって、後知恵的に云々すべきでない、という見解です。歴史修正主義的発想といってよいかと思うのですが、そうした観点から書かれた著作が最近増えてきたように思います。しかしそれでは、すべてが「仕方なかったのだ」あるいは「よいこともしたのだ」ということになり、過去をふりかえってそこから学ぶ、という意味がなくなります。「相対的視点」なんてのは何も考えないことと同じだということが、なぜわからないのでしょうか。

前章のまなざしの再確認でもありますが、日本語について研究する場合も、日本語についての書籍を読む場合でも、こうした事態が常に発生する可能性について自覚的であるべきだと思います。

三章　日本語学の「知の回路」

回路①日本言語学のために

ことばは社会のなかにいる人間が使うものだ、という前提にたてば、ことばについての研究は、社会や人間といった要素も視野に入れないとできない、ということもいえます。

モンゴル学者・社会言語学者の田中克彦は、「言語そのものが基本的に社会的なものなんだよ。〔……〕社会的なものなのに、わざわざ社会言語学っていう肩書きをつけるのは、言語学ができないいいわけにつけているんだと僕は思っているんだよね」と述べています（田中克彦著、安田敏朗・土屋礼子聞き手『言語学の戦後――田中克彦が語る①』（三元社、二〇〇八年、五一頁））。言語研究のあり方を明確に示した発言だと思います。だからこそ、そうした要素をなんの考えもなしに呼びこまないように、「無縁」であろうとするように、という「まなざし」をもつべきだ、とこの本では主張してきました。田中のことばに従えば、言語研究をしていれば、おのずと社会や人間への視座もはっきりとしてくる、ということだと思うのですが（したがって、言語学を知らないくせに社会言語学を自称する輩が多い、と嘆いています）、本書で、無縁であろうとすべきだ、と主張したのは、社会の側の単純な議論に言語研究者と称する人たちが引きずりこまれていった事例が数多くあったからで、その一部については前章でみた通りです。したがって、無縁であろうとするには、やはりそうしたものに対する見方を養っておかねばならないと思います。

「日本語学という知」はそれ自体で自律するべきではあるのでしょうが、自律するということは自己完結することにもつながります。たとえば大学で講座ができるとか、学会組織が確固としたものとして確立するとかすると、どうしても知識は蛸壺化し、人材の縮小再生産に陥りがちになってしまいます。せっかくことばをあつかうのに無味乾燥なつまらないものになってしまうこともしばしばです。

といって、英語に主語があるからアフガン戦争を起こした、などという話が必要だということでも決してありません。

前章では、明治期に形をなしてきた国語学が、一九三〇年代という時代状況に直面してそれに有効な手だてを提起することができず、あらたな研究対象と手法とを模索しようとした日本語学が登場してきた、と述べました。といって、国語学という学問が意味のないものになったわけでは決してありません。亀井孝の論考をあつかった前章でみたように、「豊富なデータの蒐集と忠実な事実の記載」に基いた「確乎たる実証の上に立ちつゝ一途に、方法そのものに深い理解を寄せる事」ができれば、日本語学と呼ぼうが国語学と呼ぼうがそんなちがいは重要でない、と思います。亀井は形式的に国語学を日本語学と呼ぼう、といっていましたが、名称というのはさまざまな差異を呼びこんでしまうもので、古い時代の文献資料を文献学的手法などを用いてあつかうのが国語学で、そうでないのが日本語学、だとか、さすがにいまはいないでしょうが、日本語母語話者でなければ国語学はできない、日本語母語話者以外がする日本語研究が日本語学だ、といったようなあまり意味のない議論がなされてしまうこともあります。

二〇〇四年に国語学会が日本語学会に名称変更したことはすでにふれましたが、これは、学会や学問が内在的にもつ問題から名称変更した、というよりも、外在的な問題、つまり大学の学科名称が日本語学科が増えたとか、外国人研究者が増加した、などといった理由があげられていました。日本語非母語話者が国語学を専攻したってなんの問題もないのに、それを問題にするのは、「はじめに」でみたように、国語が国民国家日本を支えるものなのだといった思いこみにとらわれているだけです。私からすれば、情けない理由での名称変更です。日本語学会に変更したところで、こうした構造が変わるわけではないですから、ここまでみてきたような「日本語学のまなざし」というものをしっかりと意識しておくべきだと思うわけです（学会名称問題については、日本語学会のホームページで議論の経過を読むことができます。http://www.jpling.gr.jp/meisyo/index.html）。

それはともかく、日本語学という知をより魅力的にし、さまざまな問題に対処するための視点を提供することができるようにするには、諸分野につながる「回路」も、日本語学にとって必要だと思います。亀井孝をもちあげすぎ、といわれるかもしれませんが、「日本語学のまなざし」を貫徹していったところに、「日本の言語学」という意味での「日本言語学」が立ちあらわれてくるのではないか、とも思います。

回路②国民国家論・帝国論

『想像の共同体』と言語

政治学者ベネディクト・アンダーソンがImagined Communities: Reflections on the Origin and Spread of Nationalismという本を出版したのは一九八三年のことでした。「ナショナリズムの起源と流行」の副題からもわかりますが、ナショナリズム論です。そして、近代ナショナリズムの生成・国民国家形成と、教育や出版などの問題にも目を配っているように、ことばのあり方とナショナリズムの関係についても、筆を費やしています。日本語訳『想像の共同体』は一九八七年に白石隆・白石さやによってリブロポートから出されました。その後原著の増補にあわせて、一九九七年には増補版がNTT出版から、二〇〇七年には定本として書籍工房早山から翻訳版が出されています。

ソビエト連邦崩壊などで現実の国民国家のあり方が批判的に問い直されてくるようになった一九九〇年代半ばぐらいから、国民国家論が盛んになってきますが、この『想像の共同体』は日本のさまざまな学界に影響をあたえたといってよいでしょう。たとえば、歴史学では成田龍一が以下のようにまとめています。なんでも三つにわけたり、三〇年で区切ったりするのが得意な成田ですが、敗戦後の歴史研究も三つの時期（一九六〇年代までの社会経済史中心の時期／一九六〇年頃から強くなった「民衆」の観点が入った時期／一九七〇年代半ば以降からあらわれる、進歩史観と近代を再検討する時期）にわけていきます。その第三期の研究の特徴について、

〔……〕国民国家が持つ均一の空間と均質の時間、同一の人種・民族と国家の創出が批判的に分析されます。日本の事例が挙げられ、象徴の操作を通じて「国民化」が進行することがさまざまに指摘されました。この「国民化」は、人びとに規範をもたらし、多様性や存在を切り捨てさせ、画一化を進行させたとします。また、「国民化」は文明／野蛮の対比のもとで進行し、一八九〇年代以降には、多様な民族・言語を持つ「帝国」へと転換することも指摘されます。（成田龍一『近現代日本史と歴史学——書き換えられてきた過去』（中公新書、二〇一二年、一四八頁））

といったようにまとめていきます。そして国民国家形成と言語との関連についても研究が深められてきたことが指摘されていきます。またフランス文学者の西川長夫は、『国境の越え方——比較文化論

序説』（筑摩書房、一九九二年。増補版は副題を「国民国家論序説」と改め、二〇〇一年に平凡社ライブラリーに収められます）を著します。そこでは国民国家形成に必要な要素を類型化して、国民の文化統合に言語が必要であることが指摘されていきます。

国語学は、それ以前から「国語国字問題」や「標準語論」、あるいは「言文一致論」などという形で、近代日本語の形成にまつわるさまざまな問題について資料を集成・研究をしてきました。しかしながら、こうした国民国家論あるいは帝国論に積極的に関与しようとはしませんでした。歴史学の問題に国語学や日本語学は関与しない、という縄張り意識の反映だとは思いたくはありませんが、「回路」が欠如していたことはまちがいないでしょう。あるいは、西川のような形式化された議論は、えてして本質的な議論を呼び起こさないものなので、国語学にまで影響が及ばなかったとみることもできるかと思います。

『「国語」という思想』と『日本語が亡びるとき』

一方で、こうした資料を活用し、いままで用いられてこなかった資料なども用いて、「国語学者上田万年、保科孝一を取り上げ、「国語」理念の歴史を探り、「国語」概念の成立が「日本語」の確定と併行していたことを指摘した」（成田龍一前掲書、一四八頁）のが、イ・ヨンスク『「国語」という思想――近代日本の言語認識』（岩波書店、一九九六年、岩波現代文庫、二〇一二年）でした。イ・ヨンスクの業績は、国語学でも日本語学でもなく、社会言語学に分類されるようです（もちろん、こうした分類はさして意味がないともいえますが）。

ちょっと話がそれますが、水村美苗『日本語が亡びるとき――英語の世紀の中で』（筑摩書房、二〇〇八年）は賛否両論、いろいろな読み方がなされました。この著作について私の頭に残ったことをいえば、〈普遍語〉、〈国語〉、〈現地語〉という三層構造のなかで、書きことばとしての日本語は、〈普遍語〉である英語と接続可能な〈国語〉たるべきで、そのためには明治以降欧米諸語の翻訳から発生した文体で書かれた近代文学を復権し、〈普遍語〉に翻訳可能な人材を育成していかなければ、日本語は〈現地語〉となってしまう、といったようなことでした。その後、水村があるインタビューではこう語っているのを目にしました。

非西洋語である日本語という〈国語〉で思考することが人類に貢献できるというモデルを示すことができる。日本語は恵まれた道を辿ってきた〈国語〉だとつくづく思います。だからこそ、日本語にはそのような使命があるという風に考えるんです。（「世界史における日本語という使命」『ユリイカ』四一巻二号（二〇〇九年二月、四二頁））

何やら超歴史的なことをいう人だな、と思いましたが、水村が近代日本語を論じるときに主に参考にしていたのが、イ・ヨンスクのこの著書でした。おりからの国民国家批判のブームに乗り、想像された（しかしいまだ存在しない）ものとして「国語」を位置づけたこの著書は、かなり広範な読者を得ました（『「国語」という思想』といった魅力的なタイトルを、国語学や日本語学では思いつけなかったことは事実でしょう）。

その結果として水村のような読者——つまり、西洋諸語や漢語からの影響は受けつつも、暴力的な禁圧を受けることなく、いってみれば「順調に」「創造」されてきたのが日本の〈国語〉なのだと理解する読者——も生まれたわけです。もちろん、イは国語による近代的解放よりも抑圧の側面を強調し、その暴力性を示したかった、と思うのですが。

「国語」に思想はあるか——制度としての「国語」

しかしながら、よく考えてみると、国民すべての解放の手段としての国語、というとらえ方にせよ、規範への同化を求め、それに従わない者を抑圧する存在としての国語、というとらえ方にせよ、そしてまた国民性・民族性を担保するものとしての国語、というとらえ方にせよ、「思想」と表現すべき何かがそこにあるようには、私にはあまり思えません。むしろそこにあるのは、プロパガンダやイデオロギーの類のものです。

もちろん、国民国家論といった「はやりもの」に安易に便乗しないのは、「日本語学のまなざし」

の実践であるともいえるのですが、「はやりもの」の内実をみきわめつつ、「回路」をつくっていくことも必要だろうと思います。

先の成田龍一の紹介にもあったように、『「国語」という思想』の過半を占めるのは、官僚的国語学者保科孝一（一八七二年〜一九五五年）の業績の検討です。保科は国語行政に関して上田万年の忠実な弟子でした（いろいろと確執はあったようですが）。国語の整備に尽力し、あるいは帝国的多言語状況から言語問題が政治化する可能性をドイツ領ポーランドやオーストリア・ハンガリー帝国の事例から歴史的に学んだ保科は、オーストリア・ハンガリー帝国で唱えられた「国家語」という概念を積極的に帝国日本にも導入しようとし、言語問題の政治化を事前に防御しようとしました。つまりは、保科のものいいは確かにプロパガンダ臭が強いとはいえ、そこで論じられる内容は、あくまでも制度としての国語であって、思想としての国語ではない、といえます。

国語というのは、近代国家を動かすために必要な諸制度を支える根本的な制度である、と考えられます。だからこそ政策の対象にもなり、政策の対象となるがゆえに効率的な運用がめざされることになります。思想の問題にだけとらわれていると、テクノロジー、技術の問題としての国語、という側面をつい軽視してしまうことにつながりかねない、と思うわけです。

国民国家と言語

国民国家形成と言語との関係について、もう少し述べておきましょう。

近代化をめざす国民国家では、単一の、あるいは二、三の国家公用語を選定し、国民たらしめようとしたい人々に浸透させる作業が、国家建設の理念にかかわらず必要とされます。これは近代国民国家の構成員は国家と関係をもたねばならないというイデオロギーと関係があります。近代化の指標が、さまざまな制度に個々人がとりこまれ、統合されていくことにおかれるのもそのためです。さまざまな制度に個々人をとりこむには、とりこむための近代的技術の確立が必要になります。これは、交通・通信網の発達、新聞・出版といったメディアの整備などのことで、そうした技術を通じて、徴兵制度や教育制度などの国家の統治制度を浸透させていくことになります。近代化をめざす国民国家は、このなかで国民を創出するのですが、国家を運営する制度を効率よく運用し、そのなかで人口流動性をたかめていくには、なるべく単一で均質な言語が必要とされるのは当然ともいえるでしょう。

制度としての国語なのに、「はじめに」でみたような、「国語愛」などという、まさしく「想像」に属する事象が入りこんでくるように、制度の構築と「想像」とが絡まってくることには注意しなければなりませんが、むしろ、制度の問題と考えることで、そこに「愛」が混入してくることの気持ち悪さがわかるのではないかと思います。そう考えれば、先に引用した水村が「日本語は恵まれた道を辿ってきた〈国語〉だとつくづく思います」と述べているのは、制度と「愛」がないまぜになっていることに自覚的でない発言であろうと思います。国語という制度がうまく作れたといった判断があるからこそ、愛情あふれる「恵まれた道」という表現になるわけですから。こうした発言をみるにつけ、無縁であろうとする、という「まなざし」を堅持していく必要があると思うのです。

「統治技法」といういい方がありますが、言語についても、この統治技法という側面からながめることができるのではないか、というのが、制度としての国語の見方です。

こうした「統治技法」となった国語は、技法となることによって、人間の営みとして言語が本来的にもつ（と断言してしまってよいかは、また議論できますが）、「自然さ」を失っていきます。とはいうものの、国民国家にとってのあらたな「自然さ」「本然さ」を獲得し、政策の対象としての、きわめて人為的な構築物としてとらえられていきます。こうして国語は、均質な存在と認識され、当該の国民に平等に教育され、話されるべきものとされます。それとともに国語になりえたことを文明化であり進歩と認識し、国語になりえなかった方言や異言語に圧力を加えていく根拠にもなっていきます。

国語を構築することは、自然言語のつらなりに国境線を引く作業でもあります。ひとたび言語に国境線を引いてしまうと、その国境線というボーダーの内部で排他的にその国語を均等に話させようとする力学がはたらきます。それは制度として成立させるには不可欠な作業です。つまり、複数の制度が無秩序に乱立しては、機能のしようがないからです。特定の政策主体がその意図に基づいた操作をおこない、その操作によって国語を構築していくというわけです。いってみれば、国語とは国家・国民の専有物なのです。

国語の構築、などというと何やら堅い話になりますが、具体的には、標準語の選定をはじめ、それにまつわる辞書・文法・正書法・表記文字などの整備のことです。こうした整備が国家的事業としてなされます。たとえば辞典の編纂は、本書一章でみたように、基本的には個人の努力のもとで成立するものであるものの、それが「国民文化」の一大金字塔とみなされていき、辞典の規範性（非・標準のことばの排除）が確立していくことになります。

このような国語の制度設計に関わったのが国語学という学問でもありますので、国語学あるいは日本語学は、こうした大きな見取り図を立てて、そのもとで多くの資料を配置していけば、国民国家論の普遍性あるいは個別性の議論に参与できるだろうと思います。

帝国史のなかの日本語

日本が植民地を領有し、さらに中国大陸や東南アジアへと影響圏を拡大するという帝国的展開をみせていくと、「東亜共通語」としての役割が日本語にあたえられていきます。日本帝国史のなかで考えると、一貫して日本語にあたえられた役割は大きかったといえます。それがなぜなのか、そして理念ではなく実際はどのように日本語が使用されていたのか、知識人たちはどのように考えていたのか、あるいは他の欧米諸帝国の場合はどうだったのか、といった「帝国と言語」というテーマを立てて研究をしていくことも、十分に可能です。

ここで出した大きな見取り図がどの程度有効なのかはともかく、こうした見取り図をつくるには、歴史学や社会学、教育史、政治史、メディア史、国際関係論、地域研究など、多くの専門知を必要とするでしょう。大変ではありますが、そうしていくことで、あらたな「回路」が芽生えてくるはずです（私自身の見取り図については、『「国語」の近代史――帝国日本と国語学者たち』（中公新書、二〇〇六年）をご参照ください）。

回路③多言語社会論

二〇一〇年末現在の法務省入国管理局の統計によれば、外国人登録者数は約二一三万人とのことです（特別永住者は約四〇万人）。みなが日本語母語話者というわけではないので、総体としてみれば、日本社会で話される言語の数とその話者数は増加しているとみてよいでしょう。こうした状況を「多言語社会」と称することがあります。

ここでは、多言語社会のとらえ方と、多言語社会における日本語のあり方についての議論をみていくことにしたいと思います。

日本の多言語社会論

日本の多言語社会を、何かあたらしいものとしてとらえる流れがあります。

たとえば、河原俊昭・山本忠行編『多言語社会がやってきた――世界の言語政策Q&A』（くろしお出版、二〇〇四年）という本には、こんな記述があります。

日本を取り巻く言語環境が急速に変化しつつあります。それは一言で言えば、様々な民族が日本に移住してきて、急速に多言語社会になりつつあるということです。〔……〕そのことから、言語に関して数多くの問題が生じてきています。これらは、私たちが21世紀を生き抜いていくためには取り組まなければならない問題なのです。〔……〕言語政策の立場から、多言語社会のなかで起こりうる問題の解決に向けて何らかの展望を与えること、それがこの本の目的です。

（はじめに、x頁）

つまり、「様々な民族が日本に移住」して「多言語社会」になるということらしく、そこで言語に関して「問題が生じてきて」おり、それが「私たちが21世紀を生き抜いていくためには取り組まなければならない問題」ということになります。要するに、「様々な民族」が日本にやってこなければ生じない問題、というとらえ方です。これは安定した「単一民族・単一言語国家日本」に「外部」から撹乱要素が入ってきた、だから対応しなければならない、という認識です。

これには二つの大きな問題があります。ひとつはもちろん、単一言語民族国家という認識についてですが、この論者たちはあからさまにそう述べているわけではありません。問いただせば、「日本には日本語のほかにもアイヌ語や琉球語もある」というでしょう。問題はそこではなく、「日本語」や「琉球語」などとして区切ったあとに、その内部の多様性について考えていない、というところにあります。ひとつの言語社会の内部ははたして均質なのか、ということです。均質だからこそ、「多言語社会」が構成できる、といった議論ですね。

もうひとつは、「様々な民族が日本に移住して」きたのは、何も最近に限ったことではない、ということです。敗戦時に日本内地には朝鮮人だけでも二〇〇万人がいたと推計されており、歴史的経緯は異なるけれども、近年「やってきた」人たちより多いし、内地人口は現在の方が多いのですから、その割合は現在よりも高いということになります（外村大『朝鮮人強制連行』（岩波新書、二〇一二年、一六頁））。

そうしたときに日本語がどのようなふるまいをしていたのかを、しっかりとおさえておく必要があります。かいつまんでいえば、帝国日本は、その内部の多言語状況を管理可能なものと考え、国語あるいは共通語としての日本語をもちいて統御しようとしていました。植民地においてはそれは同化志向がはたらき、またそれ以外の地域でも絶対的優位な言語として位置づけようとしてきました（詳細は安田敏朗『帝国日本の言語編制』（世織書房、一九九七年））。そうしたふるまい方の歴史をふまえなければ、「やってきた」多言語社会も、すぐに周縁化されていくのは目に見えています。そのなかでは、多言語社会の担い手は労働力としてとらえられるのが常であり、景気が悪くなれば「去っていく」存在としてしかとらえられないでしょう。

移民国家論の排他性

「去っていく」存在としてではなく、現在における多言語状況への「対応」をより「スマート」にしようというのが、近年活発な一千万人「移民」受け入れ議論です。そのなかで、受け入れ選択基準として、専門知識、日本語能力そして若さ、を提案する本があります（坂中英徳・浅川晃広『移民国家ニッポン――1000万人の移民が日本を救う』（日本加除出版、二〇〇七年））。入管業務に携わっていた坂中英徳と、移民政策史が専門の浅川晃広による共著ですが、この本の基調は、日本人の人口が減少してそれに歯止めがかからないから、という消極的理由から、厳しく選抜された外国人を移民として受け入れよう、というものです。逆にいえば、人口が減少しなければ、移民を受け入れる必要などないわけであり、また、「若さ」「専門知識」「日本語能力」すべてが揃っていないと移民として「受け入れ」てはならないという主張です。つまり、日本国家の繁栄を都合よく手助けしてくれる、優秀で能力のある人しか受け入れないという、一見開放的ですがきわめて排他的な能力主義思想（すでになされている出入国管理と在留管理制度の強化――外国人登録証の廃止――は、この前提ともいえます）のもとでの「受け入れ」であることがわります。こうした場合でも、居心地が悪ければ去っていくでしょうし、そもそも、いびつな構成の移民社会しかできあがりません。

こうした議論に、当然のように「日本語能力」が登場します。それは、日本なのだから、また、「多言語社会」には共通言語が必要だから、と論じられています。「受け入れ」のためには一定程度の日本語能力があることが当然の前提とされるのは、それが単純労働ではなく技能労働であるから当然であって、たとえば、『移民国家ニッポン』では、

「人口減少」といった日本の中長期的な課題に対応するためには、単に短期間の労働者として外国人を受け入れるのではなく、中長期的な日本社会の一員として受け入れなければならない。こうしたことからも、日本社会の習慣の理解や、日本語能力はやはり必要であると言える。(七九―八〇頁)

といいます。わからないでもないのですが、しかし「日本社会の一員」として当然、といった論法は一歩まちがえれば同化主義となります。ここにあるのは、「多言語社会」を語ることではなく、「単一言語国家日本」の円滑な運営への志向だけ、ともいえます。

少し話がそれますが、かつて日本社会における英語偏重の風潮を「英語帝国主義」と名づけて批判をした人たちがいました。なかでも代表的な人物が、最近では英語から日本語を「防衛」することを主張しだし、「公共サービスのための言語は日本語である」といった条項をふくむ「日本語保護法」

なるものまで提起しています。日本社会における英語にばかり目が向いてしまい、それ以外の言語が話されていることには注意が向いていません（だいたい、日本に住む英語母語話者の割合はきわめて低いのです）。しかも、かれらがいう英語の脅威と同様なものを、日本語がそうした言語に対してふるっていることに気がつかない、なんともいえない主張です（津田幸男『日本語防衛論』（小学館、二〇一一年、一八九頁））。そして、「日本語は日本の自然美と日本文化の結晶といえます」（七頁）などと無根拠なことをいった時点で思考停止に陥ることに、なぜ気がつかないのでしょうか。「日本語学のまなざし」からすれば、しごく当然なことなのに。これもまた「単一言語国家日本」への志向といえるでしょう。本当に「防衛」したいのならば、「日本語保護法」のなかで、なんでもかんでも英語で授業させるおバカな流れを禁じてほしいですね。

また、日本とインドネシア・フィリピンの経済連携協定（EPA）に基づく介護福祉士・看護師候補者の受け入れが進行中ですが（次はベトナムからやってきます）、日本語で日本人とまったく同じ国家資格試験に合格しなければ帰国しなければならないという設定に、単一言語社会の円滑な運営という意図を感じます。問題文の漢字にルビをふったり、一部英単語を用いたり、合格点に近かった人の在留延長を認めたりしたところで、小手先の措置にすぎません。医療の専門用語という障壁に切りこんでいくか、EPA自体を問題視していくか、医療現場のあり方を問題視していくかしないと、根本的な解決にはなりません。

移民受け入れの議論は、政策レベルでもなされています。自由民主党外国人材交流推進議員連盟というものがありました。ここが、自由民主党が与党であった二〇〇八年六月二〇日に出した報告書『人材開国！　日本型移民国家への道――報告書』は、五〇年間で人口の一〇％にあたる一千万人規模の移民を受け入れることを骨子としています。この報告書を紹介した春原憲一郎によれば、この提言には「新国家主義と新自由主義の奇妙な融合」がみられるといいます。つまりそこには、

「幸い日本には、移民が快適に暮らすことができる制度、精神風土、環境が整っている」「日本社会には『人の和』や『寛容の心』を重んじる精神的基盤がある」「多様な価値観や存在を受け入れる『寛容』の遺伝子を脈々と受け継いできた日本人は、世界のどの民族も成功していない『多様な民族との共生社会』を実現する潜在能力を持っている」「この『癒しの島』には理想の移住地としての条件が備わっている」。（春原憲一郎編『移動労働者とその家族のための言語政策――生活者のための日本語教育』（ひつじ書房、二〇〇九年、三三一―三四頁）

という、リゾート地宣伝文句まがいの文言がちりばめられているようです。しかし、「寛容の遺伝子」ってなんでしょう？　こうしたプロパガンダと日本語とが結びつかないことを祈るばかりですが、先の津田幸男は「日本語は日本の自然美と日本文化の結晶といえます」と堂々といっているわけですか

ら、結合力は強いようです。やはり、無縁であろうとする、本書でいうところの「日本語学のまなざし」が必要だと思うのです。

このように政策理念が根拠のないナショナリズムに満ち満ちているのですから、具体的な施策の立案・実施にもその影響があらわれないとはいいきれません。日本人は変わる必要がないというのですから、これを理念とする政策は同化主義的なもの以外にはありえないでしょう。さらにまた、この報告書では、政策を推進する理由として、日本が高齢化社会になっていること、人口が減少していくこと（要は「国力」の衰退）をあげているのですが、人口が減って何が悪い、という視点はないようです。そもそも、数値目標を決めて、よい結果が得られることなどありません。

多言語社会と変化する日本語

若干マクロな話になりましたが、日本が多言語社会となれば、さまざまな人が日本語を使用することになります。前章で少しふれましたが、日本植民地時代の台湾で国語教育をおこなった結果、「台湾的国語」と称されるあらたな日本語表現が観察されるようになりました。それをあらたな変化とみなす人もいましたが、たいていは誤用とみなして矯正の対象としていきました（だからこそ記録に残ったともいえます）。記録して矯正していこうとする側も、決して「正しい日本語」の話者ではありませんでした。そうしたすべてが「逸脱」した状況のなかで、「台湾の日本語」が語られていたのですが、その背後には、同化および差別の圧力がかかっていたといえるでしょう（詳細は、安田前掲書『かれらの日本語』を参照）。

同じように考えれば、これからも「かれらの日本語」はさまざまな形で発生していくことでしょうし、それは「われわれの日本語」が一枚岩では決してないことを映し出すものにもなるでしょう。いま現在でも、異なるものへの同化および差別への欲求が消えてなくなったとは決していえません（ましこ・ひでのり『社会学のまなざし』（三元社、二〇一二年、一五〇頁））。そうしたときに、やみくもに「正しさ」をふりまわして矯正しようとしないことが肝要です。それが誰であれ、ことばを変化させることができるのですから。くりかえしますが、「私はあなたを愛しています」を日本語ではない（あるいは日本語的ではない）、とする根拠はどこにあるのでしょうか？

日本国憲法の文体にしても、当初は翻訳文体だということがありありとわかったそうです。いろいろな証言があるのですが、たとえば、首相だった宮澤喜一（一九一九年〜二〇〇七年）が一九九三年の退陣まえに、番記者に対してオフレコで以下のように語ったといいます。「みなさん、これだけはお願いしたい。いいですか、憲法は変えないほうがいい。守ってください。二度と戦争はしちゃいけないんです。僕は憲法ができたいきさつは知っているんです。あれは翻訳だ。日本語じゃない。それでも憲法は変えちゃいかんのです」（早野透「ポリティカにっぽん――政権選択の夏　変えちゃいけないものもある」『朝日新聞』二〇〇九年七月三〇日）。宮澤にとっては日本国憲法は翻訳であり、日本語文体でなかった、というのです。それでもなお、憲法を変えてはいけない、と。懐かしい保守政治家です（日本国憲法の制定過程については古関彰一『日本国憲法の誕生』（岩波現代文庫、二〇〇九年）を参照。そのなかでは自らの案をＧＨＱに否定された松本烝治国務大臣が、翻訳臭のある憲法なら、せめて口語化でもすれば日本語らしくなるかもしれない、と発言したことが紹介されています）。いま日本国憲法を読んでみて、翻訳文体だ、と感じる人はどのくらいいるでしょうか。二〇〇五年七月七日に示された自由民主党の「新憲法起草委員会・要綱　第一次素案」をみても、「現行前文の文体が翻訳調、生硬、難解である」という指摘はあるものの、主張にあわせた追加の部分の文体との差異はそう明確ではありませんし、それ以外は現行の憲法の手直し程度になっています。はじめは「翻訳調」であったとしても、それに慣らされていく、といってよいでしょう。ことばに対する意識なんて、簡単に変わっていくものなのです（安田敏朗『「多言語社会」という幻想――近代日本言語史再考Ⅳ』（三元社、二〇一一年）参照）。

ともあれ、多言語社会とそれを構成する人びとのことばの問題（次世代への継承や、使用の問題もあります）、そこで日本語がどのようにふるまうべきかについても、今後さまざまな形で議論されていくでしょう。日本語学もそうした議論に加わっていくべきだと思いますが、「共通語としての日本語」という単純な結論に至らないためにも、そして日本に住む日本語非母語話者のために災害情報などを伝えやすくする「やさしい日本語」というプロジェクトの行方をみつめるためにも、「日本語学のまなざし」を常に自覚しておくべきだと思います。

回路④表記論

最後になりますが、「日本語学のまなざし」が、日本語自体の表記論についてどのような回路をもつべきかについて述べておきたいと思います。

現在の日本語は、漢字、カタカナ、ひらがなの三種類の文字による表記が一般的とされています。そして、単語についてのゆるやかな表記の仕方（かなづかいや送り仮名）が示されています。そしてまた常用漢字が制定され、漢字表記や字体の目安とされています。

しかし、国語学者の矢田勉が述べるように、「国語文字・表記史」は「複線的、多層的、多段階的」であって、同時にさまざまな表記のあり方（字体もふくめて）が並存している（矢田勉『国語文字・表記史の研究』（汲古書院、二〇一二年、i頁））わけですから、そう簡単にひとつに決めてそれを遵守させることができるわけではありません。現に、公文書やメディアそれぞれの定めた手引きがあるくらいで、統一された絶対的な基準があるというわけではありません。

しかし、歴史をさかのぼってみると、明治以降は、政策として表記のあり方をなるべくひとつにしていこうとしました。大衆識字のため（あるいは文明の吸収のため）に、漢字を廃止する案も出され、文部省に一九〇二年に設置された国語調査委員会の調査方針の第一番目には、漢字廃止を前提として、カタカナとひらがななどの優劣を調査することが掲げられたほどです。

こうした流れに対する反対も当然生じます。文字が書ける人が書いて反対意見を述べるわけですから、文字を知らない人の意見がそこにあらわれるわけがありません。かくして、識字者同士の喧々《けんけん》囂々《ごうごう》の論争が、延々と続くことになります。そうなれば、何が「正しい表記」なのか、といった論拠が求められます。ただ、もともと「複線的、多層的、多段階的」だったわけですから、「正しさ」の論拠というものは、相対的なものにならざるを得ません。しかしそれでも、絶対的な「正しさ」を主張する人びとは存在します。

一九四六年に現代かなづかいと当用漢字表が国語審議会によって示され、内閣告示されました。その後の変遷はありますが、これが現行表記の目安となっています。しかし、この現行表記に異を唱える、一九五九年に結成された國語問題協議會があります（http://www.kokugomondaikyo.sakura.ne.jp/）。いわゆる歴史的かなづかいは、現代かなづかいよりも体系的だ、と主張する人たちです。たしかに、歴史的かなづかいは、学術的であろうとしているために体系的ではあるのですが、それゆえに無理をしている、ともいわれています（白石良夫『かなづかい入門――歴史的仮名遣VS現代仮名遣』(平凡社新書、二〇〇八年))。白石良夫の主張は明解で、「現代仮名遣に取って替えられたそのときから、歴史的仮名遣は、不幸にも、文化や伝統の継承者という幻想を、一部の声高なひとたちによって背負わされたのである」(二一一―二一二頁)としています。たしかに、國語問題協議會のホームページをみますと、「国旗及び国歌に関する法律」の別記第二項に示される「国歌」の表記が、なぜ「いわおとなりて」なのか(「いはをとなりて」ではなく)と、「国語議連」という国会内の集まりで内閣府大臣官房総務課長に質す、といった活動もしているようです(ご苦労様なことです、といいたいです)。「伝統」を背負っているという思いからか、極度に「声高」であるという印象がありますが、「伝統」をいうなら、「和を貴ぶ」ことも必要かもしれませんね(イヤミです、もちろん)。

好きずきですから、なんともいえませんが、漢字をどのようにとらえるかといった議論もふくめて、こうした議論は「日本語学のまなざし」によって、相対化して考える必要があります。

文字というものは、記録する道具がない限り無用なものです。書く道具と文字を記録する媒体——たとえば筆と紙——がなければ、文字を使う意味はないわけです。道具と媒体、ちょっと用語を換えれば、技術の問題と文字とは切っても切れない関係にあるわけです。明治以降の漢字制限論は、印刷技術と大いに関係があります。漢字の数が多ければ多いほど、活字の種類も数も必要とされますし、ルビを入れればさらに手間がかかります。経済効率のため、漢字制限をおこなう、ということです。これ以外にもタイプライター、ワードプロセッサ、文字コードといった技術の限界が原因となって漢字制限（あるいは不使用）という方向に向かっていたと考えることができます。しかし、近年では、コンピュータ技術の発展によって、どのような漢字字体でも搭載できるようになってきていると思われます。とすれば、技術の問題によって制限が加えられていたものが、同じ技術の問題によって、制限が解除されたと考えることもできるでしょう。

漢字制限は技術の問題によって無制限解禁となる感がありますが、それはまたそれで、無分別な漢字使用を招くことにもなります。とすれば、いまやもはやなんでもあり、という時代かもしれません。そうなれば逆に文字表記へのこだわりというものも相対化され、その分「誤用」も増えていくことでしょう。漢字の知識がクイズという形式でしかはかれなくなりつつあるのであれば、むやみに漢字・漢語を多用する文章は敬遠されていくかもしれません。そのなかでまた、制限への要望が生じることもあるかもしれません。

数年まえに漢字検定協会の放漫経営があきらかになりましたが、かつての理事長たちの資質の問題はあるにせよ、百万人単位の検定受験生がいること自体がもつ問題も検討すべきかと思います。この点については、漢字検定の問題そのものからしていかに意味がないかを、高島俊男がこきおろしています（『漢字検定のアホらしさ――お言葉ですが…③』（連合出版、二〇一〇年））。

それでは、技術の問題以外で漢字制限（あるいは不使用）を主張するとすれば、現在では、障害としての漢字、日本語教育における障壁としての漢字、という観点があるかと思います（前者については、かどやひでのり・あべやすし編著『識字の社会言語学』(生活書院、二〇一〇年)、後者については田中克彦『漢字が日本語をほろぼす』(角川SSC新書、二〇一一年)など参照)。

表記論は、「伝統」と結びつきやすいので、思いきりナショナリズムを発動できる論題です。したがって、生産的な議論の場がなかなかもてません。こうした議論を客観視していくのもまた「日本語学のまなざし」の実践ではないかと思います。

以上、わずかではありますが、日本語学のまなざしの回路について述べてみました。これがすべてではありませんし、あるいは適正なものかどうかも、定かではありません。とはいえ、ことばが社会において、人間によって使用されている以上、こうしたさまざまな問題と、日本語学とが無縁であると断言することもまた、不可能ではないでしょうか。どういう手法でもって関わっていくか、どういった姿勢で関わっていくか、については、無縁であろうとする「まなざし」とのかねあいが難しいところではあります。

とはいうものの、日本語学に限らず、学問を固定化されたものと考えずに、そのあり方について常に問い続け、模索し続けることなしには、よい研究もできないのではないかと思います。

四章　ガイドなのか判然としないブックガイド

本文中にも適宜参考になる書名をあげてきましたが、それ以外で参考になるようなものを紹介することにします。本書でみてきた「知のわくぐみ」はそれほど体系化する必要のないものだと思いますので、とくに脈絡なく、思いついたまま並べてみました。私の頭のなかの脈絡のなさを反映しています。こうした書籍の参考文献からさらに読み進めていくのも、知見を広げ、深めるひとつの方法です。

なお、日本語学に関するものは、本書「はじめに」で紹介したものなどから取りくんでいただきたいと思います。

●亀井孝・大藤時彦・山田俊雄編『日本語の歴史』全七巻、別冊一、平凡社、一九六三年〜一九六六年（平凡社ライブラリー、二〇〇六年〜二〇〇八年）

「日本語の歴史」と題した書籍は多種ありますが、視野を広くもったものとして、古典的名著といってよいかと思います。もちろん、初版から五十年近く経ちますから、それなりに問題を抱えてはいると思いますが、それでも近年平凡社ライブラリーに収められたということは、長く読み継がれるべきことを示しています。各巻の副題をかかげておきます。

民族のことばの誕生（第一巻）、文字とのめぐりあい（第二巻）、言語芸術の花ひらく（第三巻）、移りゆく古代語（第四巻）、近代語の流れ（第五巻）、新しい国語への歩み（第六巻）、世界のなかの

日本語（第七巻）、言語史研究入門（別巻）

集まった原稿を亀井孝が独自に書き直していったともいわれ、亀井の日本語観・日本語史観を示しているといえるかもしれません。「かめいワールド」に興味をもった方は、**かめいたかし『ことばの森』**（吉川弘文館、一九九五年）、もっとがんばって読みたい方には『**亀井孝論文集　全六巻**』（吉川弘文館、一九七一年〜一九九二年）があります。ちなみに、本書二章でとりあげた「日本言語学のために」はこの論文集の第一巻に再録されています。同巻の「「こくご」とは いかなる ことば なりや――ささやかなる つゆばらいの こころを こめて」も必読でしょう。個人的には「天皇制の言語学的考察――ベルリン自由大学における講義ノートより」がおすすめなのですが、これは雑誌『中央公論』の一九七四年八月号で読むか、『**言語学の戦後――田中克彦が語る①**』（三元社、二〇〇八年）の資料編で読むことができます。亀井孝の影響を受けた田中克彦が書いた、古典ともいえる『**ことばと国家**』（岩波新書、一九八一年）から、「たなかワールド」に入っていくのもおすすめです。

専門的になりすぎたついでに、**服部四郎・川本茂男・柴田武編**『**日本の言語学**』（全七巻＋総索引、大修館書店、一九七九年〜一九八五年）を。これは文字通り、日本の言語学の成果や資料をあつめたアンソロジーです。言語の本質と機能／音韻／文法／意味・語彙／方言／言語史に分けられています。図書館などでぱらぱらと目次をみてください。

●**今野真二『文献から読み解く日本語の歴史――鳥瞰虫瞰』笠間書院、二〇〇八年**
これは、文献資料と向きあう姿勢を教えてくれます。著者一連の文献学的論集(『**日本語学講座**』**シリーズ**(清文堂出版、二〇一〇年〜)、など)にも挑戦してみましょう。また、**福島直恭『書記言語としての「日本語」の誕生――その存在を問い直す**』(笠間書院、二〇〇八年)は言語体系としての「日本語」(書記言語、標準語)の存在に疑義をはさむという興味深い著作です。

●本書三章で「国語教育論・日本語教育論への回路」という項目を立ててもよかったのですが、一章でもふれましたので、追加として。国語教科書論としては、**佐藤泉『国語教科書の戦後史』**(勁草書房、二〇〇六年)を。大学入試の国語の問題の歴史を追ったものとして、**石川巧『「国語」入試の近現代史』**(講談社選書メチエ、二〇〇八年)、**鈴木義里『大学入試の「国語」――あの問題はなんだったのか』**(三元社、二〇一一年)があります。教育基本法が「改正」されてしばらく経ち、現場へのしめつけがじわじわと広がってきているように思いますが、**西原博史『学校が「愛国心」を教えるとき――基本的人権からみた国旗・国歌と教育基本法改正』**(日本評論社、二〇〇三年)は何が問題かを考えるときにくりかえし参照されるべき本です。また国旗・国歌の教育現場への強制の実態に関しては田中伸尚『**日の丸・君が代の戦後史**』(岩波新書、二〇〇〇年)、同『**ルポ　良心と義務――「日の丸・君が代」に抗う人びと**』(岩波新書、二〇一二年)も必読でしょう。

ことばを教えること、について考えることも、「日本語学のまなざし」の基本問題だろうと思います。「日本語には日本精神が宿る」という論法で帝国日本は、日本語普及に取りくんできたのですが（この点に関しては、本文でふれた**安田『帝国日本の言語編制』**（世織書房、一九九七年）参照）、敗戦後の日本語教育界においても、形をかえてこの構図が見られることを指摘したものが、**牲川波都季**《せがわはづき》**『戦後日本語教育学とナショナリズム――「思考様式言説」に見る包摂と差異化の論理』**（くろしお出版、二〇一二年）です。帝国日本の言語政策についても、さまざまな業績が出ていて、地域ごとの多層的な議論が展開されています。日本ばかりでなく、韓国や台湾での研究成果にも目を配る必要があるでしょう。朝鮮語や中国語を学習する動機にはなりにくいかもしれませんけれど……。

●近代日本語の成立については、本文中で若干とりあげた表記論のほかに「言文一致」がひとつの大きなテーマになります。これは文学の問題としてあつかうものが多く、たとえば近年では**橋本治『言文一致体の誕生――失われた近代を求めてI』**（朝日新聞出版、二〇一〇年）が手に取りやすいです。丹念に資料をあつめて論じたものに、**山本正秀**の一連の著作があります。入手困難なものが多いのですが、**『近代文体発生の史的研究』**（岩波書店、一九六五年）は図書館などで読んでみてください。「標準語」もまた大きなテーマですが、とりあえず**安田敏朗『〈国語〉と〈方言〉のあいだ――言語構築の政治学』**（人文書院、一九九九年）をご参照ください（本文中では方言認識に関してこの本に言及しましたが、方言を論じることは標準語を論じることでもあるので、標準語論も登場します）。

●**齋藤希史『漢文脈と近代日本――もう一つのことばの世界』ＮＨＫブックス、二〇〇七年**

いまや漢文は国語教科書でわずかながらあつかわれる存在になっていますが、近代日本語の成立の背景には、漢文の地位の変化があります。学問と政治の世界を担っていたものが、徐々に文学の世界に制限されていく過程をわかりやすく描き出しています。同じ著者の『**漢文脈の近代――清末＝明治の文学圏**』（名古屋大学出版会、二〇〇五年）にも挑戦してみてください。これと関連して、**尼ヶ崎彬『近代詩の誕生――軍歌と恋歌**』（大修館書店、二〇一一年）。かつては「詩」といえば漢詩を指していたのですが、それにとりかわるべく、さまざまなジャンルの詩を詠もうとした明治期の新体詩運動を論じたものです。また、新体詩と国語教育の関連にまで目配りしたものとして、**山本康治『明治詩の成立と展開――学校教育との関わりから**』（ひつじ書房、二〇一二年）があります。「日本語学のまなざし」と一見かかわりのないようなものですが、「日本語」をとりまく状況についても目配りが必要なことがわかるかと思います。

●**真田信治・庄司博史編集『事典　日本の多言語社会』岩波書店、二〇〇五年**

基本概念／日本の状況・政策／エスニック・コミュニティ／日本語の多様性／日本語施策／海外社

会の日本語／社会言語学関連用語　という項目に大分類し、日本の多言語社会について概説しています。事典という制約はあるものの、この問題について総合的に考えるために手元に置いておくべきものでしょう。ただ、現状に焦点があてられており、多言語社会日本の歴史的背景についての言及が少ない、という点を付言しておきます。この本について、書評を書いたことがありますので、ご参考まで（「多言語化する日本社会のとらえ方――『事典 日本の多言語社会』書評をかねて」『言語社会』一号、二〇〇七年〈http://hdl.handle.net/10086/15490〉）。多言語社会日本では、多民族「共生」がとりあえず謳われるのですが、無前提に唱えられる「共生」概念のもつ問題を正面からとりあげたものが、**植田晃次・山下仁編『「共生」の内実――批判的社会言語学からの問いかけ』**（三元社、二〇〇六年、新装版二〇一一年）です。また、「多言語主義」とは一九九〇年代に欧米からもたらされた概念でした。**三浦信孝編『多言語主義とは何か』**（藤原書店、一九九七年）は、当時盛んであった国民国家を超える、という観点から肯定的にとりあげたものです。近年、多言語主義について、アジアやアフリカなどの事例を加えた再検討もなされました。いささか大部で高価なものになりますが、**砂野幸稔編『多言語主義再考――多言語状況の比較研究』**（三元社、二〇一二年）もぜひどうぞ。

あとがき

「いのち、かかってます。」

何やら物騒な電話を三元社の石田俊二社長からもらったのは、二〇一一年八月のことでした。聞けば、大学生になったばかりの年代を対象に、専門知識を示すのではなく、その学問の基本的な姿勢を紹介するような本を書けないか、とのことでした。さまざまな学問をとりあげるシリーズとして刊行して教科書的に使ってもらい、読んでもらえるような、「売れる本」にしたい、ということです。

学問を紹介するシリーズは類書もあるし、私には「日本語学」を紹介できるような知見も見識もないし（そんなことは石田さんは先刻ご存じのはずなので、何かのいやがらせかとも思いました）、とお断わりしたのですが、出版社の基礎体力強化のためにも是非、ということで、冒頭のおことばをいただいたわけです。

思えば、一九九七年の最初の著作からこちらの出したいものを快く出してもらってきた石田さんから、はじめていただいた依頼でした。

「いのち、かけてます」などと暑苦しくいわないのが石田さんのいいところなのですが、とはいえ

「売れる本」を書ける人なんてそうそういるものではありません。

ところで、私はイヤミったらしい文章を書くのがうまい、そうです。本文よりも、あとがきで著者の素が出ることが多いと思うのですが、ある友人は、私の本のあとがきのイヤミったらしさがたまらなくいい、といっていました。ほめられているのかわからないのですが（ほめてもらっているのでしょう、たぶん）、石田さんからは「あとがきのような文体で書き通して」とアドバイス（？）をいただきました。

それで売れたら冗談みたいだ、と思って、こんなことしか書けませんが、とわかってもらうつもりで、本書一章の冒頭部分を書いて送ったところ（本当はこれであきらめてもらいたかったのですが）、これでいきましょう、ということになってしまいました。ワナにはまったのでしょうか？

あんた、イヤミったらしいうえにイヤイヤ書いた本を読ませるのか、と怒られそうですが、いままで書いてきたものと比べれば、それなりに苦労したのは確かです。その割には、書いている内容は、いままであちこちで書いてきたのとあまり大差ないものに仕上がっています。これで三元社を救うことはできるでしょうか？

「日本語学のまなざし」というタイトルですが、「はじめに」で述べたとおり、「日本語学の具体的な知識がなくても、ことばというわたしたちが日常使いつづけているものをどうとらえればよいかがわかること、そしてそのとらえ方が、ことば以外のことを考えるときにも、もしかしたら役立つかもしれない、と思ってもらうこと」をめざして書き進めてきました。この学知の紹介というよりも、「ことば」というものをどうとらえて、どうみていくべきか、という私なりの考えを述べたつもりです。まとまりがついているとも思えませんし、ブックガイドを読んでも、「日本語学」について十分にわかるようになっているとも正直なところ、思いません。「日本語学」を専門とされている方には、お詫びしたいと思います。

「あとがき」から読んだ方は失望してしまったかもしれません。ここで書店の本棚に返されても文句はいえないのですが、思い直して「はじめに」と一章の冒頭部分を読んでみてください。それでも無理なら、せめてこのシリーズの他の本は買って読んでください。もうすでに購入いただいた方には御礼とともに、それでもなお、何ほどか得るところのある考え方をお伝えできることを、願っています。

安田敏朗

二〇一二年四月

著者紹介

安田 敏朗（やすだ・としあき）

1968年　神奈川県生まれ。
1991年　東京大学文学部国語学科卒業。
1996年　東京大学大学院総合文化研究科博士課程学位取得修了。博士(学術)。
現在　一橋大学大学院言語社会研究科教員。

［著書］
『植民地のなかの「国語学」――時枝誠記と京城帝国大学をめぐって』（三元社、1997年）、『帝国日本の言語編制』（世織書房、1997年）、『「言語」の構築――小倉進平と植民地朝鮮』（三元社、1999年）、『〈国語〉と〈方言〉のあいだ――言語構築の政治学』（人文書院、1999年）、『近代日本言語史再考――帝国化する「日本語」と「言語問題」』（三元社、2000年）、『国文学の時空――久松潜一と日本文化論』（三元社、2002年）、『脱「日本語」への視座――近代日本言語史再考Ⅱ』（三元社、2003年）、『日本語学は科学か――佐久間鼎とその時代』（三元社、2004年）、『辞書の政治学――ことばの規範とはなにか』（平凡社、2006年）、『統合原理としての国語――近代日本言語史再考Ⅲ』（三元社、2006年）、『「国語」の近代史――帝国日本と国語学者たち』（中公新書、2006年）、『国語審議会――迷走の60年』（講談社現代新書、2007年）、『金田一京助と日本語の近代』（平凡社新書、2008年）、『「多言語社会」という幻想――近代日本言語史再考Ⅳ』（三元社、2011年）、『かれらの日本語――台湾「残留」日本語論』（人文書院、2011年）
［翻訳書］
『戦争の記憶 記憶の戦争――韓国人のベトナム戦争』（金賢娥著、三元社、2009年）
［共著書］
『言語学の戦後――田中克彦が語る〈1〉』（三元社、2008年）、ほか
［解説書］
『国語国字問題の歴史』（平井昌夫著、復刻版、三元社、1998年）、『国語のため』（上田万年著、平凡社東洋文庫、2011年）、ほか

シリーズ「知のまなざし」
日本語学のまなざし

発行日
2012 年 6 月 20 日　初版第 1 刷発行

著者
安田 敏朗

発行所
株式会社 三元社
〒 113-0033 東京都文京区本郷 1-28-36 鳳明ビル
電話／ 03-3814-1867　FAX ／ 03-3814-0979

印刷＋製本
シナノ印刷 株式会社

printed in Japan

ISBN978-4-88303-314-0

http://www.sangensha.co.jp